MARIA MEYER

OMA UND JULE IN DER GUTEN STUBE

Jahreslesebuch für Seniorinnen und Senioren

www.mariameyer.info

Bibliografische Information der Deutschen Nationalbibliothek:
Die Deutsche Nationalbibliothek verzeichnet diese Publikation in der Deutschen
Nationalbibliografie; detaillierte bibliografische Daten sind im Internet über
http://dnb.dnb.de abrufbar.

1. Auflage
© 2021 Maria Meyer
Lektorat: Andreas Meyer
Satz und Layout: Andreas Meyer
Korrektorat: Uschi und Jan Röttgers
Kachelbilder: Anna Göttke-Krogmann
Umschlaggestaltung: www.labelschmiede.com

Herstellung und Verlag: BoD – Books on Demand, Norderstedt

ISBN: 9783751995887

LESETIPP

Um die unterschiedlichen Leseinteressen, was die Länge oder den Inhalt der einzelnen Textsorten betrifft, zu berücksichtigen, werden immer wiederkehrende Symbole an den Anfang eines Textes gesetzt. Diese erleichtern das Auffinden des Lieblingstextes. Wenn Sie zum Beispiel gern alte Volkslieder singen, suchen Sie einfach das Symbol »Noten« und singen sich dann fröhlich durch das ganze Jahr. Viel Spaß dabei!

Gedichte: »Toll! Ich erinnere mich.«

Sprichwörter: »Ja, ja, wie die Alten sagten ...«

Bauernregeln: »Kannst'e immer drauf an!«

Lieder: »Herrlich zum Mitsingen!«

Oma und Jule-Geschichten: »So war's früher auf dem Dorf!«

Kindererzählungen: »Schön war's doch!«

Spiele: »Mann, haben wir viel draußen gespielt!«

Witze: »Die kann man weitererzählen!«

INHALTSVERZEICHNIS

JANUAR

ZU NEUJAHR

Will das Glück nach seinem Sinn
dir was Gutes schenken,
sage Dank und nimm es hin -
ohne viel Bedenken.

Jede Gabe sei begrüßt,
doch vor allen Dingen:
Das, worum du dich bemühst,
möge dir gelingen.

(Wilhelm Busch)

Aller Anfang ist schwer.
(Ovid, 43 v.Chr.- 17n.Chr.)

Das hast du im Leben oft erfahren:
In der Schule
Im Beruf
In der Ehe
Bei einem Wohnungswechsel

Es ist noch nicht aller Tage Abend.
(Titus Livius, 59 v.Chr - 17n.Chr.)

Bei Problemen
Bei Katastrophen
Bei ungünstigen Bedingungen
Bei ungünstigen Entwicklungen
Man kann immer hoffen!

Der Januar wird auch Hartung, Hartmonat, Schneemonat, Eismond oder Wolfsmonat genannt.

1. Januar: Die Neujahrsnacht, still und klar, deutet auf ein gutes Jahr.
6. Januar: War bis Dreikönig kein Winter, kommt auch kein strenger mehr dahinter.
21. und 22. Januar: Wenn Agnes und Vinzenz kommen, wird neuer Saft im Baum vernommen.

Hermine sagt zu Willibald: »Knarrt im Januar Eis und Schnee, gibt's zur Ernte Korn und Klee.«

»Kräht der Hahn auf dem Mist, ändert sich's Wetter - oder es bleibt, wie es ist.«

FREUT EUCH DES LEBENS

Freut euch des Lebens,
weil noch das Lämpchen glüht.
Pflücket die Rose,
eh sie verblüht!

Man schafft so gern
sich Sorg und Müh,
sucht Dornen auf
und findet sie,
und lässt das Veilchen unbemerkt,
das uns am Wege blüht ...

(deutsches Volkslied aus dem 18. Jahrhundert)

UND IN DEM SCHNEEGEBIRGE

Und in dem Schneegebirge,
da fließt ein Brünnlein kalt.
Und wer daraus getrunken,
wird jung und nimmer alt.
Und wer ...

Ich hab daraus getrunken,
gar manchen frischen Trunk.
Ich bin nicht alt geworden,
ich bin noch immer jung.
Ich bin ...

Ade, mein Schatz, ich scheide,
Ade, mein Schätzelein!
Wann kommst du aber wieder,
Herzallerliebster mein?

(Volkslied aus Schlesien aus dem 18. Jahrhundert)

DIE GUTE STUBE

»Hinein in die gute Stube!«, lädt Oma die Meyers ein. Bevor Jule und Charleen, Omas Enkelinnen, und ihre Eltern das Wohnzimmer betreten, pesen schon die Hunde voraus. Fibi und Sally sind zwei kleine, sehr agile Terrier. Schwanzwedelnd drehen sie eine Runde im Wohnzimmer, um – wie üblich – zunächst Opa, der dort auf der Ledercoach sitzt und in einer Zeitschrift blättert, zu begrüßen.

Omas und Opas Wohnzimmer ist modern eingerichtet – mit einer bequemen Sitzecke, einem Flachbildfernseher, einer Stereo-Anlage und riesigen Fensterscheiben. Durch die Fenster kann man auf die Terrasse sehen, wo im Sommer aus einem alten Mühlstein das Wasser des Springbrunnens emporschießt.

Nachdem Fibi und Sally Opa begrüßt haben, rennen sie in die angrenzende Küche zurück. Sie bleiben – immer noch schwanzwedelnd – vor der Schublade mit den Leckerlis stehen. Beide wissen genau, dass Oma ihnen zum Empfang ein paar Kaustreifen geben wird. Sie wissen aber auch, dass sie nicht weiter zu betteln brauchen, wenn Oma ihnen die leeren Hände zeigt. Was Oma jetzt tut. Schon düsen sie wieder ab, um im Wohnzimmer noch einige Streicheleinheiten von Opa zu ergattern.

Hunde im Wohnzimmer – das gab es nicht, als ich klein war, denkt Oma.

Der Hofhund gehörte in die Hundehütte, die draußen vor dem Haus auf dem Hof lag. Meistens war er angekettet, was ihn natürlich aggressiv und bissig machte. Wurde der Hund am Abend freigelassen, um zum Beispiel die Pferde zur Weide zu begleiten, bedankte er sich mit Luftsprüngen. Nur dann ließ er sich gerne von den Kindern streicheln. Aber vor der Küchentür endete sein Reich. Und in die gute Stube hätte ihn niemals jemand hineingelassen.

Jule hat am Esstisch Platz genommen und wendet sich an Oma, die gerade mit der Kaffeekanne hereinkommt. »Oma, warum sagst du immer wieder zum Wohnzimmer ›gute Stube‹? Gab es früher denn auch eine schlechte Stube?«

Oma muss lachen.

Sie stellt die Kaffeekanne auf den Tisch und setzt sich. »Nein, Jule. Eine schlechte Stube gab es nicht, höchstens, wenn sie nicht aufgeräumt war. Aber eine Alltagsstube, sozusagen für den täglichen Gebrauch, die gab es in fast jedem Haus auf dem Lande. Die gute Stube wurde nur an hohen Feier- oder Festtagen benutzt.«

Jule nimmt sich einen Muffin vom Kuchenteller und hält inne, bevor sie hineinbeißt. Schon wieder so eine Besonderheit aus dem Altertum, denkt sie wohl. Irgendwie schwer vorzustellen. »Ein Zimmer, das nicht benutzt wird – total unwirtschaftlich!«, meint sie schließlich.

Oma kennt diese Sprüche schon. Sie lässt sich davon nicht beirren, sondern wendet sich jetzt voll ihren Enkelinnen zu:

»Ich glaube, das muss ich euch doch genauer erklären. Also, passt auf! Die ›gute Stube‹ hat eine lange Tradition und war früher in fast allen Haushalten vorzufinden. Da fragt ihr euch sicher: *Was machte denn die gute Stube aus? Worin unterschied sie sich von der Alltagsstube, in der man sich im Winter tagsüber aufhielt? Vor allem, wenn die Hitze des Herdes in der Küche nicht ausreichte, um alle warm zu halten?*« Oma hält kurz inne. »Nun, als ihr klein wart, da wart ihr einmal bei eurer

Uroma auf Besuch in der guten Stube – oder wie man hier auch sagt – in der *besten* Stube. Daran werdet ihr euch wohl kaum erinnern können, oder?«

Die beiden Mädchen schütteln die Köpfe.

»Dann beschreibe ich euch dieses wichtige Zimmer einmal. Die beste Stube war sozusagen das Ausstellungsstück der jeweiligen Familie. Sie spiegelte die Vermögensverhältnisse wider. Dort gab es die kostbarsten Polstermöbel, dazu das Geschirr mit Goldrand im geschnitzten Schrank mit Jagdmotiven, die Kristallgläser und das Tafelsilber in den Schubladen. Auf dem Esstisch lag stets eine handgefertigte, gehäkelte Tischdecke, die bei Feierlichkeiten gegen eine gestärkte Leinendecke ausgewechselt wurde. Und an den Wänden waren teure Blümchentapeten, an einer Seite überdeckt von einem großen Ölgemälde, auf dem ein röhrender Hirsch zu sehen war. An der anderen Wand hingen die gerahmten Fotos der verstorbenen Verwandten – oder wichtige Urkunden.«

Oma mustert kurz ihre Enkelinnen, aber noch scheint niemand eine Frage stellen zu wollen. Zufrieden fährt sie fort.

»Jetzt fehlt nur noch der Rahmen: feine Spitzengardinen, die in Bögen über den immer blühenden Geranien hingen – farblich abgestimmt mit teuren Samtstores, die von einer goldenen Kordel gehalten werden. Ach, und gerade höre ich auch noch die große Standuhr schlagen!«

Jule hat in der Zwischenzeit schon zwei Muffins verspeist. Sie ergreift wieder das Wort und fährt in ihrer lockeren Art fort. »Aber Oma, wer schafft sich denn heute noch so einen antiken Pomp an? Ein Zimmer, das nicht dauerhaft zugänglich ist oder bewohnt wird, aber geheizt und gereinigt werden muss?«

»Andere Zeiten, andere Sitten«, meint Oma nur. »Damals gab es viele Anlässe, die die beste Stube notwendig machten. Zum Beispiel der Besuch von Verwandten, die wegen ungünstiger Verkehrsverhältnisse nicht so oft kamen und sich per Post anmeldeten, als es auf den Dörfern noch kein Telefon gab. Dann konnte auch unverhofft der Pastor zu Besuch kommen. Manche Pastoren waren damals noch richtige Seelsorger, die jedes einzelne ihrer Schäfchen kannten und auch regelmäßig besuchten. Der Pastor rauchte dann immer eine von den guten Brasil-Zigarren, die im Schrank mit den Kristallgläsern verwahrt wurden. Amtliche oder höher gestellte Personen wurden grundsätzlich in der besten Stube empfangen und bewirtet, müsst ihr wissen. Wir Kinder kamen nur an Weihnachten oder bei Familienfeiern in den

Genuss dieses Zimmers, zum Beispiel bei Hochzeiten, Taufen, bei der Erstkommunion oder bei Todesfällen. Sonst wurden wir nur in der Küche abgespeist. Aber natürlich hatte für uns Kinder die beste Stube immer etwas Magisches oder Geheimnisvolles an sich. Dort wurden wichtige Papiere und Geschenke verwahrt, zum Teil auch Bargeld. Und zu Weihnachten hinterließ das Christkind auf dem Teppich der Stube seine Spuren, weil es dort Puppenkleider nähte. Die kleinen Stoffreste und bunten Fäden waren dafür ein eindeutiger Beweis ...«

Jetzt ist der Kuchenteller leer. Alle sind gesättigt, für Fibi und Sally sind nur ein paar Krümel abgefallen.

Oma lehnt sich zurück.

»In Bezug auf das Bargeld muss ich noch etwas ergänzen«, sagt sie. »Wenn meine Schwiegermutter Ferkel oder Sauen verkauft hatte, legte sie das Geld immer unter den Teppich in der guten Stube. So hatte sie einerseits das Gefühl, jederzeit den Zugriff zu haben, andererseits glaubte sie, das sei ein gutes Versteck. Das war aber kein gutes Versteck, denn auch die Einbrecher wussten schon damals, dass das Bargeld entweder im Küchenschrank oder unter dem Teppich der guten Stube zu finden war.«

»Wurde denn bei euch einmal eingebrochen?«, fragt Jule.

Oma schüttelt den Kopf. »Zum Glück ist das nie passiert. Um das Thema abzuschließen: Die gute Stube war ein Zimmer für alles, was aus dem Alltag herausfiel, sich vom Alltag abhob. Dort fanden die Gespräche statt, die nicht für unsere Ohren gedacht waren. Dort wurden Gegenstände aufbewahrt, die nicht für unsere Augen und Hände bestimmt waren. Mein Tagebuch habe ich dort aber nicht aufbewahrt, das blieb in meiner Schultasche. Die wurde nämlich – Gott sei Dank – nie durchsucht.«

Oma hält kurz inne.

»Da fällt mir ein – das Wichtigste habe ich noch vergessen. Die gute Stube war das einzige Zimmer, das man abschließen konnte. Es gab nur einen einzigen Schlüssel. Von außen wurde die Stube abgeschlossen, wenn zum Beispiel das Baby in seinem Stubenwagen oder Himmelbettchen ungestört vom häuslichen Lärm schlafen sollte.« Oma stockt erneut und blickt schmunzelnd zu Opa hinüber. »Von innen wurde die Tür nur abschlossen, wenn man mal ganz allein sein wollte. Mit wem auch immer!«

Jule schaut Opa verdutzt an.

»Nun, Jule«, meint Opa ganz cool. »Ich weiß überhaupt nicht, was Oma damit meint. Kein Kommentar.«

DER KÖNIG DES WALDES

Ach, wie gerne war ich als Kind doch in der guten Stube. Wenn ich einmal ganz allein war, schlüpfte ich schnell hinein ...

Die Spitzengardinen sind zugezogen.

Auf der langen Fensterbank blühen die Geranien und das Fleißige Lieschen.

Im Sommer ist die Stube erfüllt vom Duft der Rosen, die mitten auf dem Esstisch in einer Kristallvase stehen.

Ich setze mich immer abwechselnd in die großen weichen Sessel und das Polstersofa.

Nachdenklich betrachte ich die gehäkelte Tischdecke. Ich nehme einen Zipfel in die Hand und schaue mir das feine Muster an. Tante Lisbeth hat diese Decke vor zwanzig Jahren meiner Mutter geschenkt.

Dann gleitet mein Blick in Ruhe über die Wände und die Möbel.

An den Wänden sehe ich die Hochzeitsbilder meiner Eltern und Großeltern. Meine Großmutter trug bei ihrer Heirat ein schwarzes Kleid und einen weißen Schleier. Mein Großvater hatte einen Zylinder aufgesetzt.

Der röhrende Hirsch auf der anderen Seite gefällt mir am besten.

Ich habe noch nie einen Hirsch gesehen, nicht einmal ein Reh aus der Nähe.

»König des Waldes« wird er genannt.

Der prächtige Wohnzimmerschrank mit seinen geschnitzten Türen beeindruckt mich am meisten.

Ob ich einmal eine Tür öffnen sollte?

Der Schlüssel lässt sich schwer drehen.

Ah, an dieser Seite steht das Essservice mit Goldrand.

In den Schubladen entdecke ich das Silberbesteck.

Wie lange bin ich eigentlich schon in der besten Stube?

Ich schaue auf die Standuhr.

Oh, gleich kommen die Erwachsenen wieder.

Schnell hinaus.

»Was wolltest du in der besten Stube?«

»Nur gucken!« Das glaubt mir keiner.

MÄUSCHEN, PIEP MAL!

»Oma, wenn früher der Winter meistens strenger war als heute, was habt ihr dann drinnen gespielt?«, fragt Jule an einem sonnigen milden Januartag.

»Nun, in der Tat, strenge Winter gab es genug«, meint Oma nachdenklich. »Daran erinnere ich mich noch genau. Dann spielten wir in der Scheune oder auf der Tenne oder Diele, wie man hierzulande sagt. Zum Spielen hatten wir immer genug Nachbarskinder.«

»Wie viele denn?«

»Na, wir waren ja nur zu dritt. Aber die Nachbarn zur Rechten und zur Linken hatten sieben beziehungsweise acht Kinder, sodass immer genug Gleichaltrige zum Spielen zu uns kamen. ›Mäuschen, piep mal!‹ war ein beliebtes Spiel. Einem Mitspieler werden dabei die Augen mit einem Schal verbunden. Alle anderen Mitspieler sitzen oder hocken im Kreis. Der Spieler mit den verbundenen Augen setzt sich vorsichtig bei einem Mitspieler auf den Schoß oder er kniet vor einem Mitspieler, den er nicht berühren darf.«

»Oh, Oma, ich erinnere mich!«, unterbricht Jule sie. »Das ist ein bekanntes Kindergartenspiel. Ich mach mal weiter. Der mit den verbundenen Augen sagt dann freundlich: ›Mäuschen, piep mal!‹. Und der angesprochene Spieler antwortet möglichst laut, leise oder mit verstellter Stimme ›piep!‹ oder ›piiep!‹. Das Kind mit den verbundenen Augen muss jetzt den Namen des Mitspielers erraten. Das ging im Kindergarten meistens schnell, weil kaum ein Kind seine Stimme gut verstellen konnte, hatte aber den Vorteil, dass in kurzer Zeit viele Kinder drankamen. Aber weißt du, Oma, oft haben die Mitspieler sich selbst verraten. Weil zwischendurch geredet oder laut gelacht wurde. Auf jeden Fall war das ein Spiel, bei dem es Gekreische und Gelächter gab. Und man brauchte nur einen Schal dazu«, ergänzt Jule.

»Weißt du, Jule, woran ich mich noch erinnere, wenn ich an dieses Spiel denke? Nein, nein, das kannst du ja gar nicht wissen«, meint Oma lächelnd. »Es war der Geruch von 4711.«

»4711? Kenn ich nicht. Ist das ein geheimer Code?«

»Du Scherzkeks. Das ist ein Kölnisch Wasser, also ein Parfüm, das es auch heute noch gibt. Und - warum glaubst du wohl, dass ich mich genau daran erinnere?«

Jule denkt nach. »Ihr Kinder habt ja wohl kein Parfüm benutzt. Warte mal, Oma, ich glaub, ich hab's jetzt – den Schal für das Spiel habt ihr euch immer von eurer Mutter ausgeliehen. Und der roch nach 4711!«

»Bingo, Jule.«

LACH MAL WIEDER!

Bush, Obama und Trump sind gestorben und müssen vor ihrem obersten Richter Rechenschaft abgeben.

»Woran glaubt ihr oder woran habt ihr im Leben geglaubt?«

Bush: »Ich glaube an den freien Handel und an ein starkes Amerika.«

»Nimm zu meiner Linken Platz.«

Obama: »Ich glaube an die Demokratie und den Frieden.«

»Nimm zu meiner Rechten Platz.«

Jetzt ist Trump an der Reihe. Gott fragt Trump:

»Und woran glaubst du?«

»Ich glaube, *du* sitzt auf *meinem* Platz!«

AUF JANUAR FOLGT FEBRUAR

Die Leute sagen immer:
»Die Zeiten werden immer schlimmer!«
Die Zeiten bleiben immer.
Die Leute werden schlimmer.
(Joachim Ringelnatz)

Stimmt das?

»Eine Freude vertreibt hundert Sorgen.«
(aus Japan)

»Wer lachen kann, verlängert jeden Tag sein Leben
um eine Stunde.«
(aus China)

FEBRUAR

VOM BÜBLEIN AUF DEM EISE

Gefroren hat es heuer,
noch gar kein festes Eis.
Das Büblein steht am Weiher
und spricht zu sich ganz leis:
»Ich will es einmal wagen,
das Eis, es muss doch tragen.
Wer weiß!«

Das Büblein stampft und hacket
mit seinem Stiefelein
Das Eis auf einmal knacket,
und Krach! Schon bricht's hinein.
Das Büblein platscht und krabbelt
als wie ein Krebs und zappelt
mit Schreien …

(Friedrich Güll)

VERDREHTE SPRICHWÖRTER

1. Abwarten und Whisky trinken.
2. Aller Anfang ist leicht.
3. Alles Gute kommt nach oben.
4. Pferde, die wiehern, beißen nicht.
5. Da wird die Currywurst in der Pfanne verrückt.
6. Das ist Schal wie Mütze.
7. Der Nasenring ist mir näher als der Hosenträger.
8. Der älteste Bauer hat die kürzesten Socken.
9. Auf jeden Nachttopf passt ein Kinderpopo.
10. Besser Pommes in der Hand als ein Steak auf dem Dach.

Im Karneval wurden diese Sprichwörter verdreht. Kennst du die richtigen? Die Lösung findest du auf Seite 54.

Der Februar wird auch Hornung (das Vieh hörnt), Sturmmond, Rebmond, Schmelzmond, Taumond und Narrenmond genannt. Er ist der letzte Wintermonat.

2. Februar: Sonnt der Dachs sich in der Lichtmessswoche, bleibt er noch vier Wochen in dem Loche.
24. Februar: Wie's Matthias macht, bleibt's noch vierzig Nacht.

Vinzenz sagt zu Kunibert: »Wenn der Hornung warm uns macht, friert's im Mai noch manche Nacht.«
Kunibert sagt zu Wilhelmine: »Ist der Februar zu warm, friert man Ostern bis in den Darm.«

»Ist der Hahn erkältet, heiser, kräht er morgens etwas leiser!«

DIE TIROLER SIND LUSTIG!

Die Tiroler sind lustig,
die Tiroler sind froh,
sie trinken ein Gläschen
und machen's dann so.

Die Tiroler sind lustig,
die Tiroler sind froh,
sie verkaufen ihr Bettchen
und schlafen auf Stroh.

Die Tiroler sind lustig,
die Tiroler sind froh,
sie nehmen ein Weibchen
und tanzen dazu …

(Kinderlied)

SCHÖN IST DIE JUGEND

Schön ist die Jugend bei frohen Zeiten.
Schön ist die Jugend, sie kommt nicht mehr.
Bald wirst du müde durch's Leben schreiten.
Um dich wird's einsam sein, im Herzen leer.

Drum sag ich's noch einmal:
Schön ist die Jugendzeit.
Schön ist die Jugend, sie kommt nicht mehr.
Sie kommt, sie kommt nicht mehr,
kehrt niemals wieder her.
Schön ist die Jugend, sie kommt nicht mehr.

(Volkslied aus Hessen)

VÖGEL RICHTIG FÜTTERN

Es hat gefroren.

Oma sitzt an ihrem Schreibtisch und schaut gedankenverloren aus dem Fenster. Die Vogeltränke auf der Terrasse ist mit Eis bedeckt. Im Vogelhäuschen sitzt eine aufgeplusterte Amsel und behauptet ihren Platz gegenüber einer Schar kecker Spatzen, die sich um Brotkrümel balgen. Als die Amsel schließlich von einer Taube vertrieben wird, greift Oma ein und klopft an das Fenster.

»He! Du kannst doch wohl anderswo etwas zu fressen finden!«

Heftig mit den Flügeln schlagend macht die Taube sich davon. Wenig später lenkt Oma noch einmal den Blick auf das Vogelhaus. Da entdeckt sie ein Rotkehlchen und zwei Kohlmeisen. Beide machen sich an den aufgehängten Knödeln und Futterringen zu schaffen. Oma freut sich, dass jeder Vogel sein passendes Futter findet und sie die munteren Gäste beobachten kann.

»Oma, schläfst du oder träumst du?«

Oma dreht sich um. Jule steht in der Tür.

»Pst, nicht bewegen«, meint Oma. »Schau mal, was sich am Vogelhäuschen abspielt!«

Jule kommt vorsichtig näher. »Oh«, flüstert sie, »ist das aber ein hübsches Rotkehlchen. Bei uns am Vogelhäuschen habe ich noch keins entdeckt. Aber Spatzen haben wir genug.«

»Als du eben gekommen bist, Jule, habe ich gerade darüber nachgedacht, womit wir früher die Vögel gefüttert haben –, damals, als man noch kein Futter kaufen konnte. Hatten wir überhaupt ein Vogelhäuschen?«, überlegt Oma laut.

»Sicher nicht«, vermutet Jule. »Aber wohl einen geschützten, vielleicht überdachten Platz?«

Oma nickt. »Genau. Jetzt sehe ich die Stelle vor mir. Hinter dem Viehstall war das.«

»Und siehst du auch das Futter?«, meint Jule. Sie hat sich sofort auf das Spiel eingelassen und zählt auf Omas Vorstellungskraft.

»Also Äpfel«, erwidert Oma, »zum Teil angefault und Obstschalen anderer Früchte, die sehe ich. Außerdem Streu und Abfälle aus der Scheune. An Bindfäden aufgeknüpft hingen Speckschwarten und Flomen.«

»*Flomen?*«, fragt Jule. »Ist das ein plattdeutsches Wort?«

»Nein, nein. Es klingt zwar so, ist aber im Fleischhandel der Begriff, der das Fett zwischen Bauchfell und Bauchmuskulatur bezeichnet.«

Jule denkt einen Moment nach. »Also heute ist der Nahrungsbedarf der Vögel ja schon wissenschaftlich erforscht. Manche Vögel, die normalerweise von Insekten und Würmern am Boden leben, wie die Amsel oder das Rotkehlchen, brauchen Weichfutter.«

»Genau. Sie finden sowieso noch lange Futter zum Beispiel in den Streuobstwiesen. Aber im Vogelhäuschen ist die Tafel natürlich köstlicher gedeckt. Schau mal, da ist die aufgeplusterte Emma wieder und hat alle Vögel aus dem Häuschen vertrieben. Die Amsel ist so bequem, dass sie im Sommer auf der Terrasse beim Frühstück auch noch gefüttert werden möchte.«

Jule tritt noch näher an das Fenster heran. »Und gibst du ihr was?«

»Nein. Im Brot ist ja Salz enthalten, was ungesund für Vögel ist.« Oma hält kurz inne. »Na ja, andererseits ... Was können die paar Brotkrumen schon schaden.«

»Da, Oma, schau hin! Zwei Buchfinken klammern sich am Knödel fest und picken eifrig. Warum zanken die sich denn wohl nicht?«

»Ist sicher ein altes Ehepaar, ein eingespieltes Team«, scherzt Oma.

Jule schaut Oma verdutzt an und muss auch lachen. »Auf jeden Fall«, fährt Jule fort, »brauchen Finken und Kleiber keine Knödel, sondern Körnerfutter, das habe ich schon in der Grundschule gelernt. Wenn man heute Futter kauft, sind darin alle möglichen Körner: weiche, harte, große und kleine Körner, in denen ja auch Fett enthalten ist. Also ist das Vogelfüttern heute doch viel einfacher als früher! Einfach kaufen und alle Vogelfreunde sind bedient.«

Oma ist nicht ganz einverstanden. »Du weißt aber doch, Jule, dass man bei jeder Packung – egal ob Lebensmittel oder Vogelfutter – schauen muss, was drin ist. Man liest sich immer das Kleingedruckte durch. Hol doch mal bitte die Vogelfuttertüte von der Terrasse und schau nach, was da drin ist.«

Jule düst sofort davon. Nach einer Weile kommt sie zurück und liest Oma laut vor: »Am... ambrosiakontrolliert! Was heißt das nun wieder? Hat die heilige Ambrosia ihren Segen dazu gegeben?«

Schon hat Jule Omas iPad in der Hand, um das fremde Wort zu googeln.

»Warte, du Scherzkeks! Ich kann dir auch Auskunft geben. Ambrosiasamen sind fast in jedem Futter enthalten. Werden sie nicht gefressen und fallen zu Boden, keimen sie zu Pflanzen, die bei allergischen Menschen Asthma oder Heuschnupfen auslösen können.«

»Oje!« Jule stutzt, das hat sie noch nicht gewusst. »Wo kommen diese komischen Samen denn her?«

»Aus den osteuropäischen Ländern, wo sie als gängiges Unkraut geerntet werden.«

Jule hat ihre Fassung wieder gewonnen. »Noch so eine negative Folge der Globalisierung«, meint sie etwas großspurig.

Aber da hat sie natürlich recht.

Oma wendet sich vom Fenster ab und geht mit Jule ins Wohnzimmer. Sie setzen sich auf das Sofa und schauen aus dem Fenster.

»Eure Vogelfütterung früher war wohl besser«, meint Jule schließlich. »Also richtig öko ... gesund und vielseitig. Obwohl ich mich ja vor dem Fett – wie hieß das noch? – also vor diesen komischen *Flomen* geekelt

hätte. Schieres Fett und Speckschwarten an den Bäumen! Wenn ich mir das nur vorstelle! Igitt, igitt!« Jule schüttelt sich. »Aber jetzt will ich erst mal Opi belehren, dass er keine Brotkrumen wegen des Salzes und keine Meisenknödel im Netz wegen der Verletzungsgefahr und des Anfallens von Müll verwenden soll!«
Jule liebt die Auseinandersetzung und das Infragestellen der Aktionen von Erwachsenen.
»Also, von mir lässt sich Opa nichts sagen«, meint Oma ganz gelassen. »Aber du kannst es ja mal versuchen. Ach, nein, besser nicht. Lehrer sollte man nicht belehren. Glaub mir, Jule.«

DER ERSTE SCHNEE

Als Kinder haben wir Schnee, egal in welchem Monat, immer feierlich und mit großer Freude begrüßt. Ja, es gab ihn damals noch, jeden Winter bedeckte er mit seinem Mantel Garten, Feld und Wald …

Der Schnee kommt endlich in dicken Flocken. Wir sitzen zu dritt vor dem Stubenfenster – meine Schwestern Irmgard, Hedwig und ich. Wir drücken die Nasen an die Scheiben.

Je dichter die Flocken werden, umso lauter jubeln wir.

»Schau, jetzt hat der Schnee schon den ganzen Acker mit einer Decke überzogen!«

Die Furchen sehen aus wie eine gekräuselte Tischdecke.

Jetzt bekommen die Tannenbäume Mützen.

Welcher Schneemensch fährt denn dort noch mit dem Rad?

Oh, jetzt ist der Wald ganz verschwunden. Jetzt ist alles verschwunden.

Wir bleiben hocken, stundenlang, bis die Flocken weniger werden und es schließlich ganz aufhört.

Schade, schade!

Aber manchmal gibt es noch ein Geschenk der Natur gratis, wenn nämlich die Wintersonne hinter den Schneeschauern hervorkommt.

»Schau, wie der Schnee glänzt, richtig goldene Streifen, toll. Bitte, liebe Sonne, noch nicht untergehen!«

Wie wir so vor dem Fenster sitzen bleiben, erwartet uns noch eine Überraschung.

Mutter fegt mit einem Reisigbesen unter der großen Linde einen Futterplatz für die Vögel frei.

Körner, Haferflocken und Apfelschalen streut sie auf einer trockenen Plane aus.

Und im Nu sind sie alle da.

Die Wintervögel.

»Ich sehe eine Blaumeise!«

»Nicht so laut!«

»Aber schau mal die Amseln, die Buchfinken, und da der Dompfaff!«

»Das ist meiner, den hab ich zuerst gesehen.«

»Gut, dann nehme ich den Grünfink als meinen Lieblingsvogel!«

So teilen wir die Vogelwelt unter uns auf. Wir sind uns sicher: Diese unberührte Welt gehört uns – wenigstens für einen Augenblick.

IM KELLER IST ES DUSTER

»Oma, irgendwie machen die ganz alten Kinderspiele auch noch voll Bock, wenn man älter ist«, meint Jule, als sie vorzeitig aus der Schule bei Oma einkehrt, weil wieder einmal Unterricht ausgefallen ist.

»Wie kommst du darauf, Jule?«, fragt Oma. »Komm doch erst mal rein.»

Jule stellt den Rucksack im Flur ab und begibt sich mit Oma in die Küche. »Also, heute in der vierten Stunde ist kein Lehrer erschienen und da haben wir ›Mäuschen, piep mal!‹ gespielt«, erzählt Jule. »Einfach so! Zuerst fanden viele das albern. Aber dann war das mega-lustig. Wir haben uns schrottgelacht!«

Oma stellt Jule ein Glas Wasser hin.

»Ja, ja, das kann ich mir denken, Jule«, meint Oma schmunzelnd. »Wenn zum Beispiel ein Junge mit verbundenen Augen vor einem Mädchen steht, das er besonders mag – oder gar nicht mag.«

Jule nimmt einen Schluck Wasser. »Bist wohl ein Schnellmerker, Oma?«

»Nun«, antwortet Oma ganz direkt, »ich war ja auch mal jung.«

Und fühle mich oft noch so, denkt sie. Laut aber sagt sie: »Dann hat es sicher nicht lange gedauert, bis irgendjemand gemerkt hat, dass ihr keinen Lehrer hattet?«

Jule nickt. »Ja, leider. Dann war der Spuk vorbei. Aber lassen wir das. Sag mal, kennst du noch ein anderes Spiel mit verbundenen Augen, Oma?«

Oma setzt sich zu Jule. »Also, da fällt mir erstmal nur ›Blinde Kuh‹ ein ...«

»Blinde Kuh, Blinde Kuh – da hätte ich auch selbst drauf kommen können, ich dumme Kuh«, meint Jule etwas selbstironisch.

»Na ja. Das Schimpfwort ›dumme Kuh‹ oder ›blöde Kuh‹ fand ich persönlich in der Schulzeit doch sehr beleidigend«, wirft Oma ein.

»Stimmt«, gibt Jule zu. »Obwohl es doch auch oft auf Lehrerinnen angewandt wird.« Oma, die ja früher selbst Lehrerin war, wirft Jule einen amüsierten Blick zu, den Jule ignoriert. »Also«, fährt sie unbeirrt fort, »Blinde Kuh‹ ist das blöde Spiel, bei dem der Spieler in der Mitte mit verbundenen Augen versucht, ein anderes Kind aus dem Kreis zu fangen. Ich erinnere mich noch gut an die frechen Jungs im Kindergarten. Beim Fangen konnte man ganz gefährlich auf die Nase fallen, wenn man versuchte, jemanden festzuhalten. Und doof fand ich auch immer, dass man von allen Seiten angetickt oder berührt wurde. Nein, ›Blinde Kuh‹ ist bei mir durchgefallen, das ist raus! Gibt's noch ein anderes Spiel, Oma? Ohne so viel – na, sagen wir mal – Körperkontakt?«

Oma denkt nach. »Da gibt es sicher noch etliche. Lass mich mal überlegen. Also, da wäre noch ›Im Keller ist es duster‹.«

»Logisch!« sagt Jule. »Solange man kein Licht macht, ist es doch immer im Keller duster.« Sie grinst. »Entschuldige, Oma. Wie geht denn das Kellerspiel? Nein, warte! Wenn es dabei so zugeht wie bei ›Blinde Kuh‹, brauchst du es mir aber gar nicht zu erklären«, fügt sie noch schnell an.

Oma kontert. »Pass auf, Jule, das ist ein Kinderspiel, bei dem es ganz geordnet zugeht. Es wird durch einen lustigen Vers, den alle gemeinsam singen, eingeleitet.

Im Keller ist es duster.
Da wohnt ein armer Schuster.
Er hat kein Licht. Er hat kein Licht.
Er kennt die liebe Sonne nicht.

Eins und zwei und drei und vier.
Wer steht vor dir?

Der Spielablauf ist ganz einfach. Der Schuster geht mit verbundenen Augen im Kreis herum, während alle die Verse singen. Bei der Frage ›Wer steht vor dir?‹ muss er stehenbleiben. Dann streckt er die Hände aus und versucht durch Betasten zu erraten, wer sein Gegenüber ist.«

»Oma, stopp! Durch *Betasten?* Das geht ja wohl gar nicht!«

Oma lacht. »Entschuldige, Jule, ich wollte dich nicht schocken, lass mich nur ausreden, bitte. Ich meine natürlich - durch Betasten des Gesichts.«

Jule runzelt die Stirn. »Na ja, das mag ja gerade noch gehen. Ist aber grenzwertig, wenn der Schuster sich nicht an die Regeln hält.«

»Schon gut, Jule. Es gibt eine Abwandlung dieses Spiels, die dir gefallen wird: Am Ende der Verse stellt sich ein Kind *hinter* den Schuster und fragt: ›Schuster, was tust du?‹. Der antwortet dann: ›Ich flicke Schuhe‹. Die Frage, die dann folgt lautet: ›Eins, zwei, drei und vier. Wer steht hinter dir?‹. Dann muss der Schuster raten, wer hinter ihm steht.«

Oma macht eine Pause und wartet Jules Reaktion ab.

»Diese Variante hättest du auch sofort anführen können, Oma«, meint Jule scheinbar vorwurfsvoll, »du
kennst mich doch. Bei diesem Spiel kann man gut
herausfinden, wer wen mag. Genauer gesagt, welcher
Junge welches Mädchen mag und umgekehrt.«
»Genau, Jule. Das ist doch das Ziel bei jedem dieser
Spiele.«

LACHEN BEFREIT DIE SEELE!

Alle zehn Jahre treffen sich drei Freunde zu einem tollen Abend. Als sie vierzig geworden sind, sind sie sich nicht einig, wo sie einkehren wollen. Sagt der eine: »Lasst uns doch in den Gasthof ›Zum Löwen‹ gehen. Dort gibt es junge, hübsche Kellnerinnen.«
Gesagt, getan!
Als sie sich mit fünfzig wieder treffen, sagt ein anderer: »Lasst uns doch wieder ›Zum Löwen‹ gehen. Da isst man gut und auf der Weinkarte wird so mancher edle Tropfen angeboten.«
Gesagt, getan!
Mit sechzig treffen sie sich wieder. Jetzt sind sie sich sofort einig: »Wir gehen zum Gasthof ›Zum Löwen‹. Da ist es ruhig und gemütlich, außerdem rollstuhlgängig. Statt der Treppe können wir den Lift nehmen.«
Gesagt, getan!

Als sie siebzig sind und sich wieder treffen, sagt einer: »Keine Ahnung, wo wir hingehen können.«

Sagt der zweite: »Lasst uns doch wieder in den Gasthof ›Zum Löwen‹ gehen.«

Sagt der dritte: »Gute Idee, da waren wir ja auch noch nie!«

LÖSUNGEN SPRICHWÖRTER

Hier sind die Lösungen von Seite 34. So heißt es wirklich. Wie viele Richtige hast du?

1. Abwarten und Tee trinken.
2. Aller Anfang ist schwer.
3. Alles Gute kommt von oben.
4. Hunde, die bellen, beißen nicht.
5. Da wird der Hund in der Pfanne verrückt.
6. Das ist Jacke wie Hose.
7. Das Hemd ist mir näher als die Hose.
8. Die dümmsten Bauern ernten die dicksten Kartoffeln.
9. Auf jeden Pott passt ein Deckel.
10. Besser den Spatz in der Hand als die Taube auf dem Dach.

AUF GEHT'S IN DEN MÄRZ!

Schütt die Sorgen in ein Gläschen Wein!
Deinen Kummer tu' auch mit hinein.
Und mit Köpfchen hoch und Mut genug,
leer' das volle Glas in einem Zug.
Das ist klug.
Schließ die Augen einen Augenblick,
denk an gar nichts mehr als nur an Glück.
Und auf eins-zwei-drei und wirst du sehn,
wird das Leben wieder wunderschön!

(so sang Willy Schneider in den 60er Jahren)

Ein Glas Rotwein soll vor Herzkrankheiten schützen ...?
Aber ... Forscher fanden jetzt heraus, dass das Risiko
eines frühzeitigen Todes um zwanzig Prozent steigt,
wenn man mehr als drei Gläser pro Woche trinkt ...

Weniger ist oft mehr!

MÄRZ

EIN ERSTER STRAUß

Perlende Tropfen
auf den Veilchen,
der Hyazinthe,
den Narzissen:
die ganze Palette des duftenden Frühlings.

FÜR DICH!

Jasmin und Flieder: Dann komm ich wieder!
(Maria Meyer)

ZEIT

Zu schnell für den, der sich freut,
zu langsam für den, der wartet,
zu lang für den, der traurig ist,
zu kurz für den, der glücklich ist.

Was die Zeit dem Menschen an Haar entzieht, das
ersetzt sie ihm an Weisheit.
(William Shakespeare)

Wie schade, dass zu wenig Raum ist zwischen der
Zeit, wo man zu jung ist und der, wo man zu alt ist.
(Charles de Montesquieu)

Die Summe unseres Lebens sind die Stunden, wo wir
lieben.
(Wilhelm Busch)

Der März erhielt seinen Namen vom römischen Kriegsgott Mars. Er wird auch Lenzing, Lenzmond genannt.

6. März: An dem Tag des Fridolein, muss der Pflug auf dem Acker sein.
12. März: Nach dem Tag des Gregorei, legt auch die wilde Gans ihr Ei.
21 März: Nach Benedikt, da achte wohl, dass man den Hafer säen soll.

Gottfried sagt zu Clemens: »März soll kommen wie ein Wolf und gehen wie ein Lamm.«
Clemens sagt zu Maria: »Wenn Maria sich verkündet, Storch und Schwalbe heimwärts findet.«

»Es kräht der Hahn nur auf dem Mist, wenn er der Grundbesitzer ist!«

IM MÄRZEN DER BAUER

Im Märzen der Bauer die Rösslein anspannt.
Er setzt seine Felder und Wiesen instand.
Er pflüget den Boden, er egget und sät
und rührt seine Hände frühmorgens und spät.

Die Bäu'rin, die Mägde, sie dürfen nicht ruh'n.
Sie haben im Haus und im Garten zu tun.
Sie graben und rechen und singen ein Lied
und freu'n sich, wenn alles schön grünet und blüht.

So geht unter Arbeit das Frühjahr vorbei.
Dann erntet der Bauer das duftende Heu.
Er mäht das Getreide, dann drischt er es aus.
Im Winter da gibt es manch' fröhlichen Schmaus.

(Volkslied aus Mähren)

SINGT EIN VOGEL

Singt ein Vogel, singt ein Vogel, singt im
Märzenwald.
Kommt der helle, der helle Frühling, kommt der
Frühling bald.
Komm doch, lieber Frühling, lieber Frühling, komm
doch bald herbei!
Jag den Winter, jag den Winter fort und mach das
Leben frei!

Blüht ein Blümlein, blüht ein Blümlein, blüht im
Märzenwald,
kommt der helle, der helle Frühling, kommt der
Frühling bald.
Komm doch, lieber Frühling, lieber Frühling, komm
doch bald herbei!

(Kinderlied)

LOTTE UND GRETE

Oma und Jule fahren einkaufen. Auf der Dorfstraße begegnet ihnen ein Trecker mit einer Sämaschine, die fast die ganze Straßenbreite einnimmt. Oma muss ausweichen und anhalten.

»Oma, ihr hattet doch früher sicher Pferde, als ihr noch keinen Trecker hattet?«, fragt Jule unvermittelt.

»Klar«, antwortet Oma, »wir hatten noch bis in die sechziger Jahre hinein zwei Pferde.«

»Wie hießen die denn?« Das interessiert Jule.

»Die hießen Lotte und Grete. Lotte war die Tochter von Grete.«

»Schöne Namen«, meint Jule. »Waren das Belgier, Hannoveraner oder Oldenburger?«

Jule kennt sich mit den verschiedenen Rassen aus. Sie hat mit Luca, ihrer älteren Schwester, als diese noch im Pferdefieber war, viele Pferdebücher wieder und wieder angesehen.

»Oma, ich bin ja nur *einmal* auf dem Bauernhof gewesen, auf dem Opa aufgewachsen ist. Wo waren dort eigentlich die Pferdeställe?«

Oma hat den Trecker passieren lassen, jetzt legt sie einen Gang ein und kehrt auf die Dorfstraße zurück.

»Die Pferdeställe« – Oma denkt nach – »die Pferdeställe lagen ganz vorne an der großen Dielentür. Sie waren groß im Vergleich zu dem Platz, den eine Kuh braucht, um sich hinzulegen, denn die Pferde mussten sich im Stall drehen können.«

»Warum?«

»Damit sie, wenn sie sich mal in Rückenlage auf dem Streu wälzten, sich wieder aufrichten konnten und nicht in einer Kuhle liegen bleiben mussten oder sich abstrampelten. Unsere Mutter schaute morgens immer zuerst nach den Pferden, ob sie gesund waren und es ihnen gut ging. Sie waren unser kostbarstes Gut. Die Ställe wurden jeden Tag neu eingestreut, sodass der Tiefstall immer weiter an Höhe gewann, bis er im Frühjahr ausgemistet wurde.« Oma stockt, sie muss die Vorfahrt beachten, weil sie auf die Hauptstraße nach Damme einbiegen will. Damme ist eine kleine Stadt in Niedersachsen. Dort wohnen Oma und Opa.

»Oma, ich stell mir das gerade so vor. Im Winter konntet ihr Lotte und Grete streicheln, so oft ihr wolltet?«

»Ja, das konnten wir und das haben wir auch. Wir haben die beiden jeden Tag begrüßt, wenn sie den Kopf über den Trog streckten und uns mit großen Augen anschauten. Und wir haben wie mit Freunden mit ihnen gesprochen.

Na, Grete, du wartest auch schon auf den Frühling? Und du Lotte, warum schlägst du mit den Hufen an die Stallmauer? Sticht dich der Hafer? Aha, du hast Durst? Warte! Mal sehen, ob ich den schweren Wassereimer von der Pumpe bis zur Futterkrippe schleppen kann. Nein, nein, die Stalltür darf ich nicht öffnen. Das hat Mutter verboten. Aber warte, zuerst kriegst du eine Handvoll Hafer.«

»Ja, das kenne ich vom Reiterhof«, sagt Jule. »Die Pferde warten immer auf Leckerlis. Erst hab ich mich nicht getraut, dem Pferd die gestreckte Hand hinzuhalten. Wenn es dann aber mit seinen feuchten Nüstern die Körner von der ausgestreckten Hand nimmt, dann kitzelt das irgendwie so komisch – ist aber auch schön. Ich meine, wenn das Pferd überhaupt von einem Kind etwas annimmt. Und dann die großen Augen!«

»Genau«, bestätigt Oma. »Das Pferd erkennt dich und es freut sich. Das kann man auch am Wiehern und dem Hin- und Herbewegen des Kopfes feststellen.«

Jetzt muss Oma das Tempo drosseln, weil vor ihr ein breiter Trecker mit Anhänger fährt.

»Überholen kann ich hier eh nicht«, meint Oma und konzentriert sich auf den Gegenverkehr. »Dann erzähle ich mal weiter. Also, wenn Grete und Lotte zum ersten Mal wieder Frühjahrsluft schnuppern konnten, waren sie oft wegen der neuen Bewegungsfreiheit etwas übermütig und unser landwirtschaftlicher Gehilfe musste die Zügel fest in der Hand halten.«

»Und wie war das mit der Arbeit im Frühjahr?«, fragt Jule nach.

»Du meinst, welche Arbeiten so ein Pferdegespann im Laufe des Jahres leisten musste? Nun, das war sehr abwechslungsreich: im Frühjahr pflügen und mit der Sämaschine Hafer und Weizen in den Boden bringen. Der Winterroggen wurde schon im Herbst gesät, vorher wurde natürlich Mist ausgefahren und abgeladen. Die abgeladenen Haufen mussten dann mit der Forke auf dem Acker verstreut werden. Keine angenehme Arbeit! Ich sehe, du verziehst schon dein Gesicht. Ich weiß, du meinst wegen des Gestanks? Nein, daran konnte man sich ja noch gewöhnen. Nein, nein, das Mistaufladen selbst war eine schwere körperliche Arbeit, weil der Mist so festgetreten war. Pferdemist war guter Dünger und wird auch heute noch oft für das Düngen der Gartenbeete verwendet.«

»Waren Lotte und Grete denn friedlich oder hatten sie auch ihre Nücken?«, fragt Jule nach.

»Sie waren sehr friedlich. Nur dann nicht, wenn ein Gewitter in der Luft lag, wenn die Bremsen sie quälten. Dann konnten sie ja nicht ausschlagen oder weglaufen.«

Jule horcht auf. »Aber heute kann man diese Quälgeister mit einem Trick überlisten!«

Davon hat Oma noch nicht gehört. »Überlisten? Mit einem Trick. Echt?«

Oma biegt auf den Parkplatz vor dem Discounter ein, stellt den Motor ab und wendet sich Jule zu. »Das ist mir neu. Welchen Trick meinst du?«

»Die Pferde bekommen leicht gestreifte oder helle Decken, die sie vor UV-Licht und Insekten schützen sollen. Auf jeden Fall werden durch die gepunkteten Decken die Bremsen und andere Insekten irritiert und sie lassen die Pferde in Ruhe.«

Oma schmunzelt. »Und ich dachte im letzten Sommer schon, einige Pferde auf der Weide sehen ja aus wie das Pferd von Pippi Langstrumpf, wie hieß das noch?«

»Kleiner Onkel, Oma.«

Da braucht Jule nicht lange nachzudenken.

»Ach Jule, solche Decken hätte ich Lotte und Grete auch gewünscht«, meint Oma.

»Dann hättet ihr eure Pferde dann auch kleine Tante ... – nein, Lotte und Grete waren sicher viel größer als Pippis ›Kleiner Onkel‹ –, also, ihr hättet sie Große Tochter und Große Mutter nennen können!«

KLEINER KÄFER, FLIEG!

Als Jule noch klein war, begleitete sie immer ihre zwei Jahre ältere Schwester Luca zum Reiterhof.

Es bereitete Jule viel Freude, sich dort umzusehen. Warum? Um später auch einmal Reiten zu lernen?

Nein, das war es nicht ...

Einfach so dabei sein, das ist schön.

Jule möchte die Ponys streicheln und sich an ihrem warmen Bauch anschmiegen.

Meist läuft sie unter dem Bauch der Pferde her, so klein ist sie noch.

Das sieht Mama überhaupt nicht gern.

Jule schaut Luca zu, wie sie mit Helm und Reitstiefeln ein Pony besteigt. Luca versucht, gerade zu sitzen und die Zügel zu halten.

Die Reitlehrerin findet Jule auch sehr nett.

Aber selbst reiten lernen? Nein, das möchte Jule nicht. Sie schüttelt immer den Kopf, wenn Mama sie danach fragt.

Zuhause muss sie mit ihrer Schwester natürlich oft »Pferdchen« spielen.

Dabei bekommt Jule ein Seil um den Bauch gebunden.

Die Schwester gibt die Kommandos:

Jule muss traben, galoppieren und still stehen.

Das ist ganz schön anstrengend.

Jules Schwester Luca hat viele Pferdebücher und Kassetten.

Abends hört Luca immer Erlebnisgeschichten von »Bibi und Tina auf dem Reiterhof«.

Diese Geschichten findet Jule auch sehr spannend.

Morgens beim Frühstück erzählt sie Mama davon.

Zu Weihnachten wünschen sich die Geschwister große Plüschtiere für ihr Zimmer: natürlich Pferde.

Luca hat Jule überredet, sich auch ein Plüschpferd zu wünschen.

Dann können beide auch bei Regenwetter drinnen spielen.

Wenn Jule allein draußen ist, schaut sie nach Insekten aus.

Sie liebt Ameisen und Käfer.

Manchmal versucht sie einen Schmetterling zu fangen.

Das gelingt ihr ziemlich oft.

Sie schaut sich jeden Schmetterling genau an, lässt ihn aber auch wieder frei. Dann sagt sie: »So, du Kleiner, jetzt flieg schnell zu deiner Mama! Die wartet sicher schon auf dich!«

Jule ist mit sich und der Welt zufrieden.

KNICKERSPIELE

Es ist März. Jule stöbert im ehemaligen Spielzimmer bei Oma nach Schätzen, die sie gerne noch einmal anschauen möchte. In den Regalen sind noch einige Gesellschaftsspiele aufbewahrt.

Die findet Jule aber nicht interessant.

Mit etwas Wehmut entdeckt sie in der Ecke die Kullerbahn. Damit haben sie und ihre Schwestern stundenlang gespielt.

»Wo sind denn die Knicker geblieben?«, fragt sie Opa.

Opa hat sich diesen Raum mittlerweile als Computerzimmer eingerichtet. Er ist gerade mit dem Online-Banking beschäftigt.

Opa dreht sich zu Jule um.

»Die Murmeln? Warte, dort in der Papptonne. Da müssen sie drin sein.«

Jule schaut sich den etwas ramponierten Pappeimer an. »Mann, sind ja noch alle da! Wie lange wollt ihr die Murmeln noch aufbewahren?«

»Keine Ahnung. Möchtest du sie haben?«

Jule überlegt. »Ich könnte mir einen Beutel voll mitnehmen. Jetzt im Frühjahr beim Babysitten könnte ich das Murmelspiel Josie und Alex erklären. Das geht ja ganz einfach: nur die Knicker in das Loch rollen. Wenn das nicht sofort klappt, mit dem Zeigefinger die danebengerollten Murmeln anschubsen, damit sie auch ins Loch gehen.«

»Das macht sicher Spaß«, sagt Opa.

Jule überlegt laut. »Die danebengerollten Murmeln können dann noch von dem nächsten Spieler angetickt werden. Der darf diese Knicker dann behalten.« Sie stockt. »Nein, nein, das mache ich doch lieber nicht. So wie ich Josie und Alex kenne, gibt es dann nur Geschrei, weil keiner seine Kuller abgeben will.«

Jule überlegt sich etwas Anderes. Sie kommt auf die Idee, für jedes Kind zehn große Murmeln auszusuchen.

»Da ich weiß, dass die Kleinen eben nicht verlieren können, kann ich ja auch genauso gut das Zählen bis zehn üben.«

»Super, Jule«, lobt sie Opa, der ehemalige Matheleh-
rer. »Mit dem Zählen kann man gar nicht früh genug
anfangen!«

LACH MIT!

Faulheit ist die Kunst sich auszuruhen, bevor man müde wird.

Warum benutzen Beamte kein Papiertaschentuch? Weil »Tempo« drauf steht.

Warum ist der 31. März für Beamte so wichtig? Er bezeichnet das Ende des Winterschlafes – und den Beginn der Frühjahrsmüdigkeit.

Was haben Beamte und Robinson Crusoe gemeinsam? Sie warten beide auf Freitag.

Der kürzeste Witz über Beamte: Geht ein Beamter zur Arbeit ...

AUF GEHT'S IN DEN APRIL!

Zaghafte Frühlingssonne trifft wärmend auf
die ausgelaugte fahle Natur:

Nur ein kronblättriges behäbiges Mütterchen
mit seinen aneinandergereihten Töchterchen
bietet dem noch rauen Frühlingswind
die farbenfrohe samtartige Stirn
mit dunkel gefärbten Wangen
sonnendurchwirkt,
feingliedrig mit dem hellen Herz verbunden.

Ein kleines rundes Zünglein
wendet sich mir zu:
Stiefmütterchen

du schelmisches Stiefmütterchen, du!

(Maria Meyer)

APRIL

APRIL! APRIL!

April! April!
Der weiß nicht, was er will.
Bald lacht der Himmel klar und rein,
Bald schau'n die Wolken düster drein,
Bald Regen und bald Sonnenschein!
Was sind mir das für Sachen,
Mit Weinen und mit Lachen
Ein solch' Gesaus' zu machen!
April! April!
Der weiß nicht, was er will ...

(Heinrich Seidel)

Wir haben alle Launen und sind wenig nachsichtig
mit den Launen des anderen.
(Arthur Schnitzler)

Wille ist Wegweiser, Laune eine bequeme Bank an
der Straße des Lebens.
(Alois Essigmann)

Nichts auf der Welt wirkt so ansteckend wie Lachen
und gute Laune.
(Charles Dickens)

Hab' Sonne im Herzen,
ob's stürmt oder schneit,
ob der Himmel voll Wolken,
die Erde voll Streit.
(Cäsar Flaischlen)

Der April wird auch Launing, Grasmond oder Oster-
mond genannt.

9. April: Hört Waltraud nicht den Kuckuck schrei'n,
dann muss er wohl erfroren sein.
23. April: Am St. Georgstag soll sich das Korn so
recken, dass sich die Krähe drin kann verstecken.

August sagt zu Hermann: »Blüht die Esche vor der
Eiche, gibt es eine große Bleiche.«
Hermann sagt zu August: »Blüht die Eiche vor der
Esche, gibt es eine große Wäsche.«
Hermann und August sagen: »April, April, macht,
was er will.«

*»Trinkt der Bauer morgens Rum, werden alle Furchen
krumm!«*

JETZT FÄNGT DAS SCHÖNE FRÜHJAHR AN

Jetzt fängt das schöne Frühjahr an,
und alles fängt zu blühen an
auf grüner Heid' und überall.

Es blühen Blümlein auf dem Feld.
Sie blühen weiß, blau, rot und gelb.
Es gibt nichts Schön'res auf der Welt.

Jetzt geh' ich über Berg und Tal,
Da hört man schon die Nachtigall
auf grüner Heid' und überall.

(Volkslied aus Franken)

VON DEN BLAUEN BERGEN KOMMEN WIR

Von den Blauen Bergen kommen wir,
unser Lehrer ist genauso dumm wie wir.
Mit der Brille auf der Nase
sieht er aus wie 'n Osterhase ...
Von den Blauen Bergen kommen wir ...

Von den Blauen Bergen kommen wir,
unser Lehrer ist genauso dumm wie wir.
Mit der Kreide in der Hand
sieht er aus wie 'n Elefant.
Von den Blauen Bergen kommen wir ...

Singen ja, ja, jippie, jippie, yeah!
Singen ja, ja, jippie, jippie, yeah!
Singen ja, ja, jippie, jippie, ja, ja, jippie, jippie,
ja, ja, jippie, jippie, yeah!

(Text und Melodie: Goldie und Peter de Vries)

FRÄULEIN ODER FRAU?

Jule sitzt bei Oma am Mittagstisch. Sie hat zwei Stunden frei. Dann geht's wieder zurück in die Schule zum Nachmittagsunterricht.

»Klößchensuppe gefällig?«, fragt Oma.

Jule nickt nur und Oma merkt, dass sie etwas bedrückt.

»Also, Oma, du magst es vielleicht nicht mehr hören, aber Frau Bauhaus ist einfach ätzend. Immer, wenn es in der Klasse etwas lauter wird, müssen wir einen Vokabeltest schreiben. Damit schockt sie uns. Und heute und *heute* ...«, betont Jule wütend, »heute hat sie alle abgegebenen Blätter einfach so zerrissen und in den Papierkorb geworfen. Das war ja wohl der Supergau! Dabei waren wir nur etwas unruhig, weil wir vorher eine schwere Mathearbeit geschrieben hatten.«

Oma geht nicht darauf ein, sondern seufzt nur mitleidig. »Jetzt Klößchensuppe gefällig?«

Jule setzt sich endlich.

»Ist Frau Bauhaus eigentlich verheiratet?«, fragt Oma nach und gibt Jule Suppe auf. »Ich meine nur, wenn sie selbst Kinder hätte, könnte sie euch vielleicht besser verstehen?«

»Keine Ahnung«, meint Jule. »Außerdem würde die nie etwas Privates preisgeben. Und Eheringe tragen ja alle Verheirateten in der heutigen Zeit nicht unbedingt.«

»Ja, früher war das anders«, meint Oma. »Als die Lehrerinnen noch ›Fräuleins‹ genannt wurden, wusste man gleich, dass sie ledig waren beziehungsweise ledig bleiben mussten.«

Jule legt den Löffel aus der Hand. »Wie bitte? Durften sie etwa nicht heiraten so wie die Priester?«, fragt sie ganz erstaunt. »Zölibat für Lehrerinnen und andere berufstätige Jungfrauen? Ziemlich antik, Oma.«

»Also, im neunzehnten und in der ersten Hälfte des zwanzigsten Jahrhunderts war das noch so«, erklärt Oma.

»Warte Oma, ich erinnere mich da an ein Buch, aus dem du mir vorgelesen hast. Da gab es eine ganz strenge Hauslehrerin in einer reichen Familie ...«

»Ah, du meinst Fräulein Rottenmeier in dem Heidi-Buch.«

»Genau die meine ich. Wenn ich so überlege, hat sich Fräulein Rottenmeier grottenschlecht verhalten – gegenüber Heidi und überhaupt ...« Jule führt sich anscheinend die Bilder noch einmal vor Augen.

Oma schreckt sie etwas auf. »Oh Jule, schau mal schnell aus dem Fenster. Richtiges Aprilwetter. Jetzt schneit es sogar!«

Jule scheint nicht sonderlich beeindruckt zu sein, sagt aber dann etwas ironisch: »Ja, so launisch wie der April ist Frau Bauhaus auch. Die kann man doch vergessen.« Dann lädt sie sich Kartoffeln und Broccoli auf den Teller. Oma reicht ihr die Soße und Jule isst schweigend weiter.

Nach einer Weile schaut sie wieder zum Fenster und meint:

»Sag mal, Oma. Ist das wirklich wahr, dass eine Frau auch im zwanzigsten Jahrhundert noch ihren Beruf aufgeben musste, wenn sie heiraten wollte? Also sagen wir mal – nicht nur die Lehrerinnen, sondern auch die Kellnerinnen oder die Büroangestellten?«

Oma nickt.

»Das kann ich fast nicht glauben«, meint Jule. »Die Frauen zählten damals wohl überhaupt nicht?«

»So kann man das auch sehen. Schau, es hat schon wieder aufgehört zu schneien.« Oma sieht, dass Jules Teller leer ist. »Hör mal, möchtest du Pudding oder Eis zum Nachtisch?«

Jule entscheidet sich für den Vanillepudding. Oma stellt die Schälchen auf den Tisch, setzt sich wieder zu Jule und nimmt das Thema noch einmal auf.

»Du staunst über die Zustände damals, Jule. Aber im Grunde ist das alles ja noch nicht so lange her, also, es gibt die Gleichberechtigung von Mann und Frau noch gar nicht so lange.«

»Das kapier ich nicht. Ich hätte mir das nicht gefallen lassen, sondern protestiert, das kannst du mir glauben!«

Oma kann Jules Empörung gut verstehen. Aber sie will Jule doch kurz die Situation der Frauen und Mütter nach dem Kriegsende erklären: »Weißt du, die Zeitumstände waren völlig anders als heute, total anders. Nach dem Krieg hatten die Frauen keine Zeit zum Protestieren. Weil viele Männer im Krieg gefallen waren, mussten die Frauen nun für die Familie sorgen. Die Wirtschaft musste neu aufgebaut werden. So blieben die alten Gesetze erst mal bestehen. Das neue Gesetz, das den Frauen gleiche Rechte bei der Berufsausübung brachte, wurde erst 1957 verabschiedet.«

»Nicht zu fassen, Oma.« Jule ist jetzt mit dem Pudding fertig und schiebt den Dessertteller zurück. Dann überlegt sie. »Wann habt ihr nochmal geheiratet, Oma? Warte ... Ich rechne schnell nach. Also vor vier Jahren hattet ihr Goldene Hochzeit ...« Dann kommt sie zu folgender Feststellung: »Da hast du ja Glück gehabt, Oma. Zur Zeit eurer Heirat gab's ja schon die Gleichberechtigung.«

Aber nicht in allen Lebensbereichen, denkt Oma, aber das behält sie für sich.

»So Jule, auf geht's! Nein, jetzt regnet es auch noch. Da bringe ich dich doch lieber bei diesem scheußlichen Aprilwetter mit dem Auto zur Schule.«

UNSER FROLLEIN

Ich liebte und verehrte sie vom ersten Tag an.

Sie war die Freundlichkeit in Person.

Nie hätte ich mich getraut, sie auch nur mit einem Finger zu berühren …

Es ist der erste Schultag nach Ostern, der Beginn des neuen Schuljahres.

Unser neues Frollein trägt ein geschlossenes blaues Kleid mit Faltenrock, Perlonstrümpfe mit Naht und braune Schnürschuhe.

Eine leichte Dauerwelle umrahmt ihr etwas blasses Gesicht.

Die blauen Augen blicken mit großer Erwartung und Vorfreude auf uns.

Frollein Hellmann. Sie kommt aus einer nahegelegenen Kleinstadt.

Das ist also unser Frollein, jung, ja, sehr jung, weitaus jünger als unsere Mutter und all die Tanten.

Toll, einfach toll!

Selig trotte ich am Ende des ersten Schultages nach Ostern nach Hause.

Soweit ist unser Frollein noch ein unbeschriebenes Blatt im Dorfgespräch.

Wir Kinder gehen gern zur Schule.

Unser Frollein erklärt die Hausaufgaben immer gut, so dass wir sie selbstständig erledigen können.

Sonntags fährt unser Frollein mit dem Fahrrad zum Gottesdienst.

Sie stellt das Fahrrad an der Wand des Gasthauses ab und geht freundlich grüßend den Weg zur Kirche.

Dann nimmt Frollein Hellmann im Mittelgang hinter den Mädchen seinen Platz ein und singt mit.

Mittags sitzt sie am Tisch des Hauptlehrers mit seiner Frau und den fünf Kindern.

Nachmittags geht sie nie spazieren, erst recht nicht an Wochentagen.

Das macht man einfach nicht.

Das Telefon, der einzig mögliche Kontakt zur Außenwelt, befindet sich im Haus des Hauptlehrers.

Frollein Hellmann selbst bewohnt eine Zweizimmerwohnung über der Schule.

Was für ein enthaltsames Leben!

Nur auf uns ausgerichtet.

Umso mehr freut sich Frollein Hellmann über die Blumensträuße, die wir ihr im Sommer und Herbst mitbringen. Sie liebt Astern.

Nach drei Jahren Probezeit kehrt Frollein Hellmann in ihre Heimatstadt zurück und heiratet.

In der einzigen Kneipe des Dorfes sprechen die Männer über sie.

»So eine Lehrerin ist keine schlechte Partie. Hatte nicht Evers Hein auch ein Auge auf sie geworfen?«

»Wann und wo und wie hat sie wohl ihren zukünftigen Mann kennengelernt?«

»Und wann konnte sie ihn treffen? Oder hat sie nur Briefe geschrieben?«

»Man sollte mal den Briefträger fragen.«

MESSERWERFEN

Jule und Oma haben Rhabarber geerntet, sitzen in der Küche und schälen die Stangen. Jule hat heute eine besondere Frage. »Sag mal, Oma, haben früher die meisten Jungs auf dem Schulplatz auch immer nur Fußball gespielt? Bei uns war das so.«

»Fußball hätten sie sicher gern gespielt«, meint Oma. »Aber es stand kein Ball zur Verfügung. Es gab schlicht und einfach keine Lederbälle. Meistens haben die Jungs die Mädchen geärgert oder heimlich hinter dem Schulgebäude das ›Messerspiel‹ gespielt.«

Jule staunt. »Ein *Messerspiel?* Das wäre ja heute tödlich!« Sie legt ihr Schälmesser aus der Hand und betrachtet es.

»Ach, weißt du, Jule – früher hatte jeder Junge ein Taschenmesser in der Hosentasche, das ihm vielleicht von seinem Opa oder Vater geschenkt worden war. Darum bot sich auch immer dieses Spiel an, egal, wo man sich gerade befand.«

»Und wie spielte man das?«

»Du musst dir das so vorstellen: Zwei Kinder stehen sich gegenüber. Ein quadratisches Feld, das einmal unterteilt worden ist, wird vorher in den Sand gezeichnet. Nun wird das Messer in das gegnerische Feld geworfen. Von der Einstichstelle aus wird eine Linie jeweils bis zum Rand durchgezogen. Die neu entstandene Fläche wird dem eigenen Feld zugeschlagen. Man spielt solange, bis einer der Spieler kein ›Land‹ mehr hat.«

»Irgendwie ein typisches Jungenspiel«, meint Jule.

»Nö, gar nicht«, entgegnet Oma. »Dieses Spiel haben wir zu Hause auch als Mädchen gern gespielt, wenn der Boden nicht zu hart war, meistens auf einem Gartenweg. Brach die Spitze eines Messers ab, war das allerdings das Ende der Messerwerf-Saison.«

»Oma, wir sind doch gleich hier fertig.« Jule springt auf. »Können wir dann das Messerspiel mal im Garten ausprobieren?

»O.k.«, meint Oma. Sie räumt den Abfall weg und stellt die Stangen beiseite. »Mal sehen, wie gut ich noch zielen kann.«

KEIN TAG OHNE LACHEN!

Sagt die Lehrerin: »Unwörter bedeuten meist etwas Schlechtes. Könnt ihr mir Beispiele nennen?«
Hans: »Ungeheuer, Unfall, Unwetter!«
»Prima, Hans! Und was hast du noch gefunden, Fritz?«
Fritzchen stolz: »Unterricht!«

Die Lehrerin stellt eine Rechenaufgabe: »Wie viel ist zwei geteilt durch zwei?«
Fritzchen: »Unentschieden, Frau Lehrerin!«

Sagt die Lehrerin: »Fünfundsiebzig Prozent der Klasse hat bei der Klassenarbeit versagt.«
Fritzchen: »Aber so viele sind wir doch gar nicht!«

AUF GEHT'S IN DEN MAI — MIT ZWEI RÄTSELN

Es flog ein Vogel federlos
auf einen Baum blattlos.
Da kam die Frau mundlos
und aß den Vogel federlos.

Lösungshilfe: Im Mai passiert das hoffentlich nicht mehr, eher im April.

Zweibein saß auf Dreibein und aß Einbein.
Da nahm Vierbein Zweibein Einbein weg.
Da nahm Zweibein Dreibein und schmiss nach
Vierbein, sodass Vierbein Einbein fallen ließ.

Lösungshilfe: Frag ein Zweibein!

MAI

MAI-IMPRESSIONEN

*Maien*regen
Milder Segen
*Maien*wonne
Voller Sonne
*Maien*schallen
Nachtigallen
*Maien*blau
Nach oben schau
*Maien*grün
Farben sprüh'n
*Maien*käfer
Auf dem Schläfer
*Maien*gang
Am Hain entlang
*Maien*luft
Fliederduft

Motorradregatta
*Maien*geknatter
*Maien*kind
Leicht im Wind
*Maien*bock
Wehender Rock
*Maien*glöckchen
Damensöckchen
*Maien*treffen
Aller Neffen
*Maien*kuss
Hochgenuss
Grün im Kleid
*Maien*leid
*Maien*salat
Verse im Spagat

(Maria Meyer)

Das Schönste auf Erden
ist lieben und geliebt zu werden.
(Wilhelm Busch)

Zu lieben ist Segen.
Geliebt zu werden
Glück.
(Leo Tolstoi)

Man sieht nur mit dem Herzen gut.
Das Wesentliche ist für die Augen unsichtbar.
(Antoine de Saint-Exupéry)

Der Mai wird auch Wonnemonat genannt.

12.-15. Mai: Pankraz, Servaz, Bonifaz und die kalte
Sophie - vorher lach nie!
25. Mai: Das Wetter auf St. Urban zeigt des
Herbstes Witterung an.

Siegfried sagt zu Klara: »Mairegen bringt Segen.«
Klara sagt zu Lisbeth: »Mairegen auf die Saaten,
dann regnet es Dukaten.«
Lisbeth sagt zu Wilma: »Erst Mitte Mai ist der Winter
vorbei.«

*»Sitzt der Hahn auf einer Krähe, war kein Huhn in seiner
Nähe.«*

DER MAI, DER LUSTIGE MAI

Der Mai, der Mai, der lustige Mai,
der kommt herangerauschet.
Ich ging in den Busch
und brach mir einen Mai,
der Mai, und der war grüne.
Tra-la-la,
la-la-la-la,
der Mai, und der war grüne.

Der Mai, der Mai, der lustige Mai
erfreuet jedes Herze.
Ich spring in den Reih'n
und freue mich dabei
und sing und spring und scherze.
Tra-la-la …

(Volkslied aus dem Siebengebirge)

DER MAI IST GEKOMMEN

Der Mai ist gekommen, die Bäume schlagen aus.
Da bleibe, wer Lust hat, mit Sorgen zu Haus'.
Wie die Wolken dort wandern am himmlischen Zelt,
so steht auch mir der Sinn in die weite, weite Welt.

Herr Vater, Frau Mutter, dass Gott euch behüt!
Wer weiß, wo in der Ferne das Glück mir noch
blüht.
Es gibt so manche Straße, die nimmer ich marschiert.
Es gibt so manchen Wein, den nimmer ich probiert.

Frisch auf drum, frisch auf drum im hellen
Sonnenstrahl,
wohl über die Berge, wohl durch das tiefe Tal.
Die Quellen erklingen, die Bäume rauschen all.

(Frühlings- und Wanderlied)

GLUCKEN

Bei Meyers herrscht große Trauer. Ein Iltis hat über Nacht das ganze Hühnervolk vernichtet.

Jule ist besonders betroffen. Sie hat die Hühner in einer eigenen Brutmaschine ausbrüten lassen und dann aufgezogen. Eines ihrer Hühner, Piepsi, hatte sie so gezähmt, dass sie es jederzeit aus dem Gehege herausholen und auf dem Arm herumtragen konnte.

Als Oma sie am nächsten Tag besucht, recherchiert Jule aber schon wieder im Internet nach Bruteiern von Vorwerkhennen, Seidenhühnern und Brahmahennen, denn alle Meyers sind sich darin einig, dass sie wieder neue Hühner anschaffen wollen. Vater Martin muss aber vorher den Stall und die Freilandfläche »Iltis-sicher« machen.

»Oma«, meint Jule und daddelt auf ihrem Handy weiter, »ihr hattet doch sicher früher freilaufende Hühner. Wurden auch ab und zu welche vom Iltis ermordet?«

Oma kann sich sofort denken, warum Jule das Wort »ermordet« verwendet. Der Schmerz über den Verlust all ihrer Hühner sitzt noch tief. Vielleicht stellt sich Jule sogar vor, wie der Iltis sich an ihr Lieblingshuhn heranschleicht und es mit einem Biss tötet.

Oma denkt nach. »Das kam selten vor. Höchstens, wenn wir abends die Tür nicht fest verschlossen hatten. Der Fuchs hat sich auch nicht so nah ans Haus getraut, wenn der Hofhund freien Auslauf hatte.«

»Und wie war das mit den Glucken?«

»Oh, die Glucken konnte man schnell erkennen. Wenn ein Huhn aufhörte zu legen, es sich auf dem Nest breit machte, sich völlig hysterisch beim Füttern benahm und dann mit aufgestelltem Schwanz und den typischen ›Gluck-gluck‹-Lauten schnell zum Nest zurückkehrte, dann hatte man eine Glucke. Wenn man dann aber nachsehen wollte, auf wie viel Eiern die Glucke saß, musste man höllisch aufpassen. Dann stellte die Glucke die Nackenhaare auf und hackte mit dem Schnabel nach der Hand.«

»Wie viele Eier hatte eine Glucke denn im Durchschnitt unter sich?«, fragt Jule.

Oma überlegt. »Oh, eine ganze Menge. Vielleicht zehn bis zwölf? So viele, wie unter dem aufgeplusterten Federkleid Platz hatten. Mutter versuchte immer kurz vor dem Schlüpfen die Henne mit ihrem Gelege in einen geräumigen Käfig umzuquartieren.

Wir stellten dann Futter und Wasser vor das Gitter und konnten die Küken beim Schlüpfen beobachten. Das war immer eine große Freude. Wir sagten schnell den Nachbarskindern Bescheid und hockten dann den ganzen Tag vor dem Käfig, um die Neuankömmlinge zu begrüßen. Irgendwie kam mir das immer wie ein kleines Wunder vor, was dort geschah. Die ans Licht drängenden Küken picken sich ein Loch in die Schale, schlüpfen, schütteln ihr goldgelbes Flaumenkleid, spreizen die kleinen Flügel und gehen munter in die Welt hinaus, um nach Futter zu suchen. Manchmal waren es zehn bis zwölf Küken, die in und außerhalb des Käfigs herumspazierten. Natürlich versuchten wir die Küken in die Hand zu nehmen, um sie aus der Nähe zu bewundern und vorsichtig über das Federkleid zu streichen. Das führte dazu, dass wir dann aber auch die Mahnung hören mussten: ›Jetzt spielt doch mal im Garten, die Glucke ist ja schon ganz nervös!‹ In der Tat, die Glucke rief pausenlos: ›Gluck, gluck, gluck!‹, plusterte sich auf, rückte ganz nah an die Gitterstäbe, um alle Küken, die ihr sofort gehorchten, unter ihre Federn zu locken, die sie dann zufrieden und weiter gluckend ausbreitete. Dieses beschützende Rufen wiederholte sie bei jeder Gefahr, besonders, wenn eine Katze in der Nähe war.

Aber wie die Natur es so mit sich bringt, die Küken wuchsen natürlich schnell heran. Sie spazierten schon bald, wenn der Käfig zu klein wurde, mit der Glucke auf dem Hof herum, bis sie groß genug waren, um sich selbst zu versorgen.«

»Da fällt mir etwas ein, Oma ... heute werden ja die kleinen Hähne in den großen Aufzuchtställen nach dem Schlüpfen getötet, weil sie ja keine Eier legen, logischerweise. Gab es so etwas Gemeines früher auch schon?«

»Nein, nein, die kleinen Hähne durften bleiben, solange sie sich dem Haupthahn unterordneten. Manchmal wurde ein Hahn auch verkauft oder gegen ein Huhn beim Nachbarn eingetauscht. Nutzlose Tiere, die gesund waren, gab es früher nicht.«

Oma hält inne.

»Aber noch was ganz anderes, Jule. Etwas zum Mitdenken: Wenn eine Mutter zu fürsorglich mit ihren Kindern war, sie nicht loslassen konnte, sie ständig beobachtete und bevormundete, dann hieß es früher, das ist eine richtige ›Glucke‹! Und heute ... ja, da kann man feststellen, dass sich der Sprachgebrauch der Zeit anpasst. Heute im Zeitalter der Technik bleibt man nicht am Boden, sondern geht in die Luft. Die alles beobachtenden Eltern heißen ›Helikoptereltern‹. Sie kreisen immerfort über ihren Kindern, um sie in jeder Lebenslage zu beobachten, zu beraten und zu beschützen.«

»Hast du da eine besondere Familie im Auge?«, fragt Jule listig. Vielleicht glaubt sie, dass Oma mit dem Wort »Helikoptereltern« auf ihre eigene Familie anspielt. »Weißt du, Oma«, fährt Jule schließlich fort, »neulich an den Karnevalstagen war nicht nur in den Straßen viel laute Musik und Getöse. Auch in der Luft war viel Lärm – von all den ... ›Helikoptern‹.«

»Und« – Oma nimmt den Faden auf – »hat über dir auch ein Helikopter gekreist?«, fragt sie lachend.

Jule geht schlagfertig darauf ein. »Vielleicht ein antiker Oma-Helikopter? Ich habe nichts bemerkt. Du warst doch wohl nicht in der Luft unterwegs? Oma, sei ehrlich, hast du dir doch etwa Sorgen um mich gemacht?«

»Nein, Jule! Ach, um dich hab ich mir keinen Sorgen gemacht. Außerdem haben Omas in der Regel ja auch keine Fluglizenz.«

ICH BRACH MIR EINEN MAI

In der Grundschule ist alles Gesetz, was die Lehrerin sagt.

Da kann die eigene Mutter nicht mithalten. So ist es einfach. Einmal wagte ich jedoch Zweifel anzumelden …

Wir lernen das Volkslied: Der Mai, der lustige Mai.

Die Zeile »Ich ging in den Busch und brach mir einen Mai« will nicht in meinen Kopf hinein.

Ich frage nach. »Was bedeutet ›und brach mir einen Mai …‹?«

Die Lehrerin ist bemüht, mich aufzuklären:

»Das bedeutet so viel wie ›Ich brach einen Birken-, Eichen- oder Haselnusszweig ab.‹ Irgendeinen grünen Zweig!«

»Und warum heißt das im Lied nicht so?«

»Weil das nicht passt.«

»Aber einen Mai *brechen*, wie soll das gehen?«

Ich habe das immer noch nicht verstanden.

Die Lehrerin übergeht meine Frage und wir müssen mit dem Üben weitermachen.

Sie kann ja nicht wissen, was in meiner Fantasie vorgeht.

Ich stelle mir den Mai als einen rauschenden Geist vor, der mit Macht kommt und der alle Bäume grün macht.

Er ist der Herr der Bäume.

Alle Bäume strecken ihre grünen Zweige aus.

Herrlich sieht es aus, das schöne, helle Grün.

Und dann komme ich und breche irgendeinen Zweig ab, einfach so?

Was wird der rauschende Mai mir dann antun?

Nein, das mache ich nicht, einfach so einen frischen Zweig zu knacken!

»Das Lied ist doof, ganz doof! Ich singe nicht mit!«, denke ich so für mich, werde dann aber bald ermahnt.

»Maria, du kannst auch ruhig mitsingen. Das ist ein lustiges Lied. Die Freude am Mai muss man hören können.«

Ich komme mir ziemlich dumm vor, an Freude habe ich überhaupt nicht gedacht.

Alle anderen Kinder haben den Sinn anscheinend verstanden, nur ich nicht.

Jetzt bin ich blamiert.

Gut, dass die Stunde bald zu Ende ist.

In der Pause schleiche ich schnell um die Schulecke und heule leise in mein Taschentuch.

Der ganze Mai ist mir verdorben.

Mein Bild vom rauschenden Mai ist zerstört.

Ich verstehe die Welt nicht mehr.

MAIKÄFER FLIEG!

Alle vier Jahre nach dem Ende des Zweiten Weltkrieges veranstalteten wir Dorfkinder im Mai ein Wettspiel:

Wer findet die schönsten Maikäfer?

Von den *Bauern*, die schwarz waren, gab es genug Exemplare. Schwieriger war es schon, einen *braunen Schuster* oder einen *hellen Müller* zu entdecken.

Wer einen *roten Bischof* gefunden hatte, wurde von allen bewundert. So unser Nachbarsjunge Eduard. Er brachte das Prachtexemplar in einer Schachtel, die mit Eichenblättern gefüllt war, mit in die Schule. Auch unser Hauptlehrer war begeistert.

Eduard, der nie mit null Fehlern im Diktat glänzen konnte, stand einen Tag lang im Mittelpunkt der Bewunderung und Anerkennung aller.

Am folgenden Tag ließ er den *Bischof* frei.

Maikäfer flieg!
Der Vater ist im Krieg!
Die Mutter ist im Pommerland.
Pommerland ist abgebrannt.
Maikäfer flieg!

(Volks- und Antikriegslied aus Westpreußen)

LACHEN HÄLT JUNG

Sagt ein Mann zu seinem Freund: »Meine Frau macht gerade eine dreiwöchige Diät.«
»Und wie viel hat sie schon verloren?«
»Zwei Wochen.«

Sagt die eine Freundin: »Dein Verlobter stottert ja.«
Antwortet die andere: »Macht nichts, nach der Heirat hat er sowieso nichts mehr zu sagen.«

Sagt der Mann zu seiner Frau: »Wusstest du schon, dass Frauen am Tag 30000 Wörter verwenden, Männer hingegen nur 15000?«
»Logisch! Frauen müssen Männern alles zweimal sagen.«
»Was hast du gerade gesagt, Schatz?«

AUF GEHT'S IN DEN JUNI – MIT ZWEI RÄTSELN

Kommen sie, so kommen *sie* nicht.
Kommen sie nicht, so kommen *sie*.
Besser ist, sie kommen nicht und kommen,
als dass sie kommen und nicht kommen.

Lösungshilfe: Im Garten soll etwas kommen, keimen, aber es kommt eine Gefahr ...

Als ich von meiner Mutter kam,
hatt' ich ein schneeweiß' Hemdchen an.
Als mir Gott ein grünes gab,
goss er rein Blut und Wein
und dazu ein Herz aus Stein.

Lösungshilfe: Hmm, lecker!

JUNI

MEIN ROGGENFELD

Unberührtes goldgelbes Roggenfeld,
sich sanft im Takt des lauen Windes wiegend,
jede leise Welle weiter wallend,
bis sie im Dunst der Ferne verebbt,

den schweren geflochtenen Kopf
leicht nickend mitschwingend,
mehrfach geerdet im ausgelaugten Boden,
durch biegsame Stockwerke gestählt,

der verzehrenden, bleichenden Sonne
und dem Gewitterregen preisgegeben,
bedingungslos den vollen gesättigten Atem
der mütterlichen Natur verströmend.

Jeder Halm mit dem goldgelben Meer vereint
und doch jeder achtsam darauf bedacht,
ohne einen anderen Gesellen zu berühren,
im sommerlichen Traum selig zu versinken.

(Maria Meyer)

Freude am Schauen und Begreifen ist die schönste
Gabe der Natur.
(Albert Einstein)

Das Glück im Leben hängt von den guten Gedanken
ab, die man hat.
(Marc Aurel)

Wenn du einen Menschen glücklich machen willst,
dann füge seinen Reichtümern nichts hinzu,
sondern nimm ihm einige von seinen Wünschen.
(Epikur)

Der Juni wird auch Brachmond genannt.

10. Juni: Hat Margarethe keinen Sonnenschein, bringt man das Heu nicht trocken rein.

11. Juni: Ist's an Barnabas recht nass, schwimmen die Trauben bis in das Fass.

24. Juni: Stich den Spargel nie nach Johanni!

Gustav sagt zu Konrad: »Wie das Wetter sich an Siebenschläfer verhält, ist es noch sieben Wochen lang bestellt.«

Konrad sagt zu Vinzenz: »Regnet es an Peter und Paul, wird so manche Traube faul.«

»Kommt der Gockel untern Trecker, gibt es morgens keinen Wecker.«

WAS DIE SCHWALBE SANG

Aus der Jugendzeit, aus der Jugendzeit,
klingt ein Lied mir immerdar.
Oh, wie liegt so weit, oh, wie liegt so weit,
was mein einst war.

Was die Schwalbe sang, was die Schwalbe sang,
die den Herbst und Frühling bringt.
Ob das Dorf entlang, ob das Dorf entlang
das jetzt noch klingt?

Oh du Heimatflur, oh du Heimatflur!
Lass zu deinem sel'gen Raum
mich nur einmal nur, mich nur einmal nur
entflieh'n im Traum …

(Volkslied aus Preußen)

AM BRUNNEN VOR DEM TORE

Am Brunnen vor dem Tore da steht ein Lindenbaum.
Ich träumt' in seinem Schatten so manchen süßen Traum.
Ich schnitt in seine Rinde so manches liebe Wort.
Es zog in Freud und Leide zu ihm mich immerfort.
Zu ihm mich immerfort ...

Ich muss auch heute wandern vorbei in tiefer Nacht.
Da hab ich noch im Dunkeln die Augen zugemacht.
Und seine Zweige rauschten, als riefen sie mir zu:
»Komm her zu mir, Geselle! Hier find'st du deine Ruh!«
Hier find'st du deine Ruh!

(Text: Wilhelm Müller, Musik: Franz Schubert)

PRINZ, DER HUND

Jule freut sich, in ein paar Tagen wird ihre kleine Hündin Sally Welpen bekommen. Oma ist auch schon ganz gespannt.

»Wie viele Junge sie dieses Mal wohl bekommt?«, fragt Jule. »Beim letzten Mal waren es drei, aber das war ja auch das erste Mal, dass Sally Mutter wurde. Schau mal das hängende Bäuchlein an, Oma. Das werden bestimmt mehr als drei.«

Das vermutet Oma auch und streichelt Sally, die sie begrüßt und natürlich auch ein Leckerli erwartet. Sallys Mutter Fibi kommt auch herbei und Oma muss die Leckerlis teilen.

»Oma, du hast mir ja einmal erzählt, dass es auf den Bauernhöfen meistens Schäferhunde oder Jagdhunde gab. Mit den Welpen zu spielen stell ich mir toll vor!«

»Ja, Jule, das wäre schön gewesen. Aber wir hatten leider immer nur Rüden so wie unsere Nachbarn auch.«

Jule ist erstaunt. »Also war ein Hund nur der Wachhund, sonst nichts?«

Oma nickt. »Genauso war das. Unser Hund hatte eine kleine Hütte unter den Eichen. Er war tagsüber angeleint. Die Kette war locker an einem Drahtseil befestigt, das quer über den Hof lief.«

»Verstehe. So konnte der Hund den ganzen Hof bewachen. War er denn nachts auch draußen?«

»Nein, nachts und im Winter durfte Prinz auf die große Diele. Aber auch dann war er sehr wachsam. Wenn zum Beispiel ein Kälbchen ausgebrochen war oder die Pferde besonders unruhig waren (weil eines zum Beispiel eine Kolik hatte), dann bellte er so lange, bis ein Erwachsener kam.«

»Und bei euch brauchte niemand Gassi gehen?«

»Nein, das erledigte sich von selbst – außerdem war der Hund ja abends frei.« Dann macht Oma plötzlich ein nachdenkliches Gesicht. »Aber einmal ist etwas Schlimmes passiert.«

»Etwa mit Prinz, deinem Lieblingshund?«

Oma nickt ernst. »Ich erinnere mich noch genau. Es war in der Erntezeit. Da geht es auf dem Bauernhof immer etwas hektisch zu. Sogar die sonst übliche Mittagsstunde fällt aus. Auf jeden Fall hatte man versäumt, Prinz anzuleinen. Wir hatten ihn am Morgen noch fröhlich begrüßt und dann noch eine Weile mit ihm gespielt. Dann mussten wir in den Garten und Johannisbeeren pflücken. Diese Aufgabe fiel uns jeden Tag zu. Viele Eimer mussten gefüllt werden, die an eine Zentrale zum Verkauf geliefert wurden.

Prinz hatten wir dabei ganz vergessen. Plötzlich kam unsere Mutter um die Ecke. Wir waren ganz erstaunt. Warum hat sie das Garbenbinden auf dem Feld unterbrochen? Dann sahen wir, dass ihr Kittel mit Blut überströmt war und sie Prinz auf den Armen trug.

Was war passiert?

Prinz war nicht vor der Haustür liegen geblieben, sondern ins Getreide gelaufen und die Mähmaschine hatte ihm ein Hinterbein abgemäht. Mutter weinte, wir waren zuerst sprachlos vor Schreck und Mitgefühl und heulten dann auch los.«

»Oma, hör auf, ich mag mir das gar nicht vorstellen.« Jule ist etwas bleich geworden. »Und dann? Dann seid ihr sicher schnell zum Tierarzt gefahren, oder? Also heute, glaube ich, hätte man in einer Tierklinik, wenn man sofort operierte hätte, das Bein vielleicht noch retten können, aber früher ...«

Oma schweigt einen Moment.

»Das war tatsächlich damals eine ganz andere Zeit, Jule«, sagte sie schließlich. »Im Dorf gab es keinen Tierarzt. Außerdem gab es keine Möglichkeit, den Hund irgendwohin zu schaffen. Die Pferde wurden auf dem Acker gebraucht. Der Beinstumpf wurde notdürftig mit einem dicken Verband versehen. Wir Kinder bekamen den Auftrag, im Stall auf dem frischen Stroh ein Lager auf einer alten Pferdedecke herzurichten, Prinz Wasser zu geben und bei ihm zu bleiben.«

Jule ist empört. »So wurde der arme Hund behandelt? Ich fasse es nicht. Und die Ernte ging einfach weiter?«

»Jule, auf einem Bauernhof musste man ständig mit kranken Tieren umgehen – und auch mit deren Tod. Der Tierarzt wurde nur gerufen, wenn ein Nutztier erkrankt war. Die Behandlung war schließlich teuer.«

Jule unterbricht Oma, immer noch ganz empört. »Und ist ein Hund nicht das nützlichste Tier auf dem Hof, wenn er das Haus bewacht?«

»Klar ist er das, aus deiner Sicht. Heute hätte man viel Geld investiert, um das Leben des Tieres zu retten. Frag mal deinen Vater, was Fibis Gipsbein gekostet hat, als sie den Sehnenriss hatte. Nein, damals war ein Hund in dem Sinne kein Nutztier, man konnte mit ihm ja kein Geld verdienen.«

Oma seufzt.

»Aber ich will's kurz machen. Prinz hatte viel Blut verloren, trank und fraß nicht. Als am nächsten Tag der Verband gewechselt werden sollte, konnte man sehen, dass sich die Wunde entzündet hatte. Ja, für uns war es schlimm, ihn so schlapp und leidend dort liegen zu sehen. Wir benetzten seine Schnauze mit Wasser und hockten um ihn herum, bis wir dann zur Arbeit zurück mussten. ›Lasst den Hund in Ruhe! Da ist doch nichts mehr zu machen! Lauft endlich zur Weide und holt die Kühe zum Melken.‹ Und, wie du dir schon denken kannst, am nächsten Morgen war Prinz tot.

Wir bekamen einen neuen Hund von einem Mann, der Hunde aufzog – einen großen schwarzen Mischling, den wir Harras nannten. Über Prinz wurde nicht mehr gesprochen.«

Oma macht eine lange Pause, dann schaut sie auf Sally, die immer noch neben ihr sitzt. »Du hast es schon sehr gut, Sally, voller Familienanschluss, ein tolles Körbchen, zu fressen und zu trinken und wie gesagt immer die ganze Aufmerksamkeit – kein schlechtes Hundeleben, nicht wahr?«

UNSER HOFHUND

Früher gab es auf jedem Bauernhof einen Hofhund.

Meistens war das ein Schäferhund oder ein Jagd-hund, wenn der Bauer auch Jäger war.

Auf manchen Höfen lag vor der Haustür auch ein friedlicher Bernhardiner, den man streicheln konnte ...

Unser Hund ist ein Mischling und heißt Harras. Er hat ein schwarzes glänzendes Fell und ist sehr kinder-lieb.

Im Sommer schläft er in einer Hütte unter den gro-ßen Eichen.

Tagsüber ist er angekettet und kann seine Leine an einem Drahtseil über die Hälfte der Einfahrt ziehen.

Das finde ich gar nicht gut.

Zu fressen bekommt er die Reste von den Mahlzei-ten, aber am meisten liebt er anständige Knochen.

Wenn ich Langeweile habe, ist er mein bester Spielgeselle. Ich kann mit ihm schmusen und sein Fell bürsten. Das hat er gern.

Befehle ich ihm »Sitz! Gib Pfötchen!«, gehorcht er natürlich und bekommt dafür eine Ecke von meinem Butterbrot.

Er freut sich immer, wenn es Abend ist und er endlich losgelassen wird. Dann begleitet er die Pferde mit zur Weide und macht Luftsprünge.

Im Winter hat er einen warmen Schlafplatz auf der Diele in der Nähe des Kuhstalls.

Die Katzen auf der Diele jagt er nie. Er beachtet sie einfach nicht. Schließlich ist er der Boss.

Abends bleibt er schwanzwedelnd an der geöffneten Küchentür stehen.

Dann streichle ich ihn noch einmal und er schaut mich ganz lieb und treu an.

»Schlaf auch gut, Harras! Und bell schön laut, wenn jemand auf dem Hof ist. Ja, ja! Das musst du! Noch einmal streicheln? Jetzt ist es aber gut gewesen!«

KREISSPIELE

»Oma, als ich neulich am Kindergarten vorbeikam, weil ich den frühen Bus nehmen konnte, bin ich eine Weile stehen geblieben. Ich habe mir die Reigenspiele oder Kreisspiele angesehen, die draußen gespielt wurden. Das war schön. Auch zu sehen, ob die Kids die Regeln beherrschten. Manche haben beim ›Plumpsack‹ einfach weiter gesungen und den Einsatz verpennt. Ja, und dann habe ich nachgedacht, welche anderen Kreisspiele es denn zu meiner Kindergartenzeit gab. Außer ›Häschen in der Grube‹, ›Fuchs du hast die Gans gestohlen‹ und ›Ringel, rangel, Rose‹ fiel mir nichts mehr ein.«

Oma denkt einen Augenblick nach. »Oh Jule, da gibt es aber noch eine ganze Menge. Kennst du: ›Es geht eine Zipfelmütz' in unserm Kreis herum‹? Oder: ›Machet auf das Tor, es kommt ein gold'ner Wagen‹?«

»Oh ja, ich erinnere mich wieder!«, freut sich Jule.

Oma fährt fort. »Dann gab es noch das Spiel: ›Es war einmal ein kleiner Mann, der nahm sich eine große Frau‹.«

Jule lacht. »Das warst du sicher immer?«

»Stimmt«, gibt Oma zu, denn Oma ist tatsächlich sehr groß. »Darum war es auch nicht mein Lieblingsspiel. Dann gab's noch: ›Ist die schwarze Köchin da?‹«

»*Schwarze Köchin?* Diskriminierung aller Farbigen. Geht heute gar nicht, Oma.«

Mit diesem Einwurf hat Oma schon gerechnet.

»Ich weiß, aber so ganz alte Spiele wie ›Wer fürchtet sich vorm Schwarzen Mann‹ oder ›Wir kommen aus dem Mohrenland, die Sonne hat uns schwarz gebrannt‹ hatten damals für uns keinen rassistischen Hintergrund. Zwei Spiele kann ich dir noch nennen. ›Wir treten auf die Kette, dass die Kette klingt‹ und ›Rote Kirschen ess' ich gerne, schwarze noch viel lieber‹.«

Jule grübelt und Oma fragt nach: »Na, woran denkst du?«

»Also, Oma, du warst gar nicht im Kindergarten, den gab's doch nicht auf dem Lande. Wieso erinnerst du dich dann an all die Spiele? Ich will ja nicht behaupten, dass dein Gedächtnis nachlässt, aber eigentlich ...«

»... könnte ich das nicht mehr wissen? Stimmt. Pass auf. Wir haben diese Spiele vier Jahre lang in der Grundschulzeit auf dem Pausenhof gespielt.«

»Kreisspiele in der Grundschule waren in der Pause bei uns out«, meint Jule. »Wir hatten aber ja auch genug Spielgeräte.«

»In der einklassigen Volksschule, die ich mit meinen Schwestern besuchte, haben die großen Mädchen aus dem achten Schuljahr in der Pause immer mit allen Mädchen Kreisspiele gespielt. Ich fand das ganz toll. Schon deswegen lohnte es sich, in die Schule zu gehen.«

Jule denkt nach. »Muss das aber ein riesiger Kreis gewesen sein. Und die großen Mädchen machten alle mit? Spätestens nach dem zweiten Schuljahr hätte das bei uns wohl nicht mehr geklappt, glaube ich. Welches war denn dein Lieblingsspiel, Oma?«

»Ich fand eigentlich alle Spiele toll. Auf die Pausen habe ich mich immer sehr gefreut. Der Schulalltag in einer einklassigen Schule war sonst nämlich sehr eintönig, er bestand zu achtzig Prozent aus Stillbeschäftigung. Ich habe die großen Mädchen, die mit uns spielten, richtig angehimmelt.«

»Das kenne ich auch von den Spielen hier in der Siedlung«, meint Jule, »ich gehöre ja auch zu den Ältesten. Die Kleinen freuen sich immer in den Ferien, wenn ich beim Verstecken mitspiele. Dann laufen sie immer alle hinter mir her.«

»Ja, ja, gemeinsam zu spielen, egal in welchem Alter, das macht immer Spaß«, sinniert Oma. Sie geht schnell in ihr Arbeitszimmer und kehrt mit einem kleinen gehefteten Buch zurück. »Schau mal, Jule. Hier habe ich noch einen wirklichen Schatz aufbewahrt. Eine Sammlung von Kinderspielen aus dem Jahr 1967.«

Jule schlägt das Bi-Ba-Butzemann-Buch auf und betrachtet die einzelnen Seiten. »Toll aufgemacht, Oma, mit farbigen Sammelbildern ausgeschmückt.« Und dann folgt noch ein typischer Jule-Kommentar: »Oh, herausgegeben von den Köllnflockenwerken. Interessant, wirklich interessant. Schön, dass die Firma schon damals etwas für die Kultur getan hat!«

WER VIEL LACHT, WIRD SEHR ALT

Vier kurze Sätze, die man einem Arzt niemals glauben sollte:
»Tut nicht weh!«
»Dauert nicht lange!«
»Das wird schon!«
»Ich mache das schließlich nicht zum ersten Mal!«

Zwei Autos stoßen zusammen.
Sagt der eine Fahrer: »Sie haben Glück, ich bin Arzt.«
Sagt der andere: »Sie haben Pech, ich bin Rechtsanwalt!«

Arzt: »Haben Sie meinen Rat befolgt und bei offenem Fenster geschlafen?«
Patient: »Ja, habe ich!«
Arzt: »Und ist Ihr Asthma verschwunden?«
Patient: »Nein, aber mein Geld, meine Uhr und meine Zähne!«

AUF GEHT'S IN DEN JULI

Glückwunsch: Halbzeit geschafft!
Bist du ein Pessimist oder ein Optimist?

Ein Optimist ist ein Mensch, der alles halb so
schlimm und doppelt so gut findet.
(Heinz Rühmann)

Sobald ein Optimist ein Licht erblickt, das es gar
nicht gibt, findet sich ein Pessimist, der es wieder
ausbläst.
(Giovanni Guarechi)

Ein Pessimist ist ein Optimist, der nachgedacht hat.
(unbekannter Verfasser)

Ein Pessimist hat den Vorteil, dass er ständig Recht
hat oder angenehme Überraschungen erlebt.
(George Will)

Zu fünfzig Prozent haben wir es geschafft, aber das
ist noch nicht die halbe Miete.
(Rudi Völler)

JULI

ICH BIN DER JULI

Grüß Gott! Erlaubt mir, dass ich sitze.
Ich bin der Juli, spürt ihr die Hitze?

Kaum weiß ich, was ich noch schaffen soll.
Die Ähren sind zum Bersten voll.

Reif sind die Beeren, die blauen und die roten.
Saftig sind Rüben und Bohnen und Schoten.

So habe ich ziemlich wenig zu tun,
darf nun ein bisschen im Schatten ruh'n.

Duftender Lindenbaum,
rausche den Sommertraum!

Seht ihr die Wolke? Fühlt ihr die Schwüle?
Bald bringt Gewitter Regen und Kühle.

(Paula Dehmel)

Wer sich auf den Weg macht, wird überall neues
Land finden.
(unbekannter Verfasser)

Auch der längste Weg beginnt mit dem ersten
Schritt.
(Lao-Tse)

Was du für den Gipfel hältst, ist nur eine Stufe.
(Seneca)

Wer die Natur liebt, findet es überall schön.
(Vincent van Gogh)

Die Natur ist kein Ort, der besucht wird, sie ist unser
Zuhause.
(unbekannter Verfasser)

Die ganze Welt ist voller Wunder.
(Martin Luther)

Der Juli – benannt nach Julius Caesar – wird auch Heumond oder Honigmonat genannt.

17. Juli: Regen an Alexe wird zur alten Hexe!
23. Juli bis 23. August: Hundstage, hell und klar. Wenn Regen sie bereiten, kommen nicht die besten Zeiten.
26. Juli: Warm und trocken, macht den Bauern frohlocken.

Klara sagt zu Engelbert: »Fällt im staubigen Juli zeitig Regen, ist's für die Natur von reichem Segen.« Engelbert sagt zu Agnes: »Im Juli will der Bauer lieber schwitzen, als untätig hinter'm Ofen sitzen.«

»Steht der Bauer auf dem Mist, weiß man, dass kein Sonntag ist.«

GEH AUS MEIN HERZ ...

Geh aus, mein Herz, und suche Freud
in dieser lieben Sommerzeit
an deines Gottes Gaben;
schau an der schönen Gärten Zier
und siehe, wie sie mir und dir
sich ausgeschmücket haben.

Die Bäume stehen voller Laub,
das Erdreich decket seinen Staub
mit einem grünen Kleide;
Narzissus und die Tulipan,
die ziehen sich viel schöner an
als Salomonis Seide ...

(geistliches Sommerlied von Paul Gerhardt)

DAS WANDERN IST DES MÜLLERS LUST

Das Wandern ist des Müllers Lust.
Das Wandern ist des Müllers Lust, das Wandern.
Das muss ein schlechter Müller sein,
dem niemals fiel das Wandern ein,
dem niemals fiel das Wandern ein, das Wandern.

Vom Wasser haben wir's gelernt.
Vom Wasser haben wir's gelernt, vom Wasser.
Das hat nicht Ruh' bei Tag und Nacht
ist stets auf Wanderschaft bedacht …

(Text: Wilhelm Zöllner, Melodie: C. F. Zöllner)

HOLLAND IN NOT

An Jules Geburtstag sitzt die ganze Bagage auf der Terrasse und trinkt Kaffee. Die Großeltern und die zwei Onkel sind dieses Mal auch gekommen. Das ist aber auch schon die gesamte nahe Verwandtschaft.

»Oma«, meint Jule, »war es früher eigentlich besser im Sommer Geburtstag zu haben als im Winter?« Dann beantwortet sie ihre Frage gleich selbst. »Ich glaube, im Winter war es günstiger, denn die Erwachsenen und die große Verwandtschaft, die ihr ja hattet – ich meine die Taufpaten und so –, die hatten doch im Winter mehr Zeit?«

»Aus deiner Sicht hast du recht«, sagt Oma. »Aber eigentlich wurde der Geburtstag auf dem Lande kaum gefeiert, sondern immer der Namenstag.«

Jule runzelte die Stirn. »Den Namenstag feiern? Warum das denn?«

»Der Namenstag ist ja meist der Todestag der Heiligen, deren Namen man trägt. Und man feierte ihn, um an das Vorbild des oder der jeweiligen Heiligen zu erinnern«, erklärt Oma.

»Na, Oma Maria, da hast du es aber sehr schwer im Leben gehabt. An die heilige Maria kannst du im Traum nicht mal herankommen!«

Jule hat die Lacher auf ihrer Seite.

Oma lacht mit und lässt sich noch eine Tasse Kaffee von Jule eingießen. »Zurück zum Geburtstag«, sagt sie. »Auf dem Lande hieß es damals ›Geburtstag hat doch jede Kuh!‹«

Das gefällt Jule. »Klasse, Oma. Eure Kühe hatten aber doch auch Namen. Warte, ich habe noch zwei Namen behalten: Alma und Berta. Namenstag für Kühe? Gibt es denn eine heilige Alma oder Berta? Ich lach mich schrott.«

Oma weiß, dass Jule jetzt zur Höchstform aufläuft. Deshalb fährt sie ganz ruhig fort. »Im Ernst, Jule, ich finde es schon gut, wenn man zu seinem Namen einen Bezug hat. Aber lassen wir das mal. Seid ihr fertig mit dem Kaffee trinken? Dann erzähle ich euch mal eine Geburtstagsgeschichte, die auch im Sommer spielt.«

Alle nicken.

»Also – meine Schwester Irmgard hat nämlich auch im Juli Geburtstag. In der Kindheit war dieser Tag für uns drei Geschwister und unseren Freund Siegfried in der Sommerzeit immer ein Hochfest. Schon am Tag vorher begannen die Vorbereitungen. Die Ecke hinter dem Brunnen, direkt unter dem Küchenfenster wurde mit dem Reisigbesen sauber gefegt. Nach bequemen Sitzgelegenheiten wurde Ausschau gehalten.

Der Tag selbst (ich erinnere mich nur an sonnige Tage) begann mit großer Freude. Ein besonderes Geschenk erhielt Irmgard allerdings nicht. Den Vormittag verbrachten wir mit dem Schmücken unserer kleinen Außenterrasse und den Überlegungen, welche Spiele am Nachmittag angebracht sein würden. Die Puppenwagen kamen an die frische Luft und ein kleiner Tisch aus der Küche sollte als Esstisch dienen. Dem Wunsch nach einer Tischdecke wurde nicht nachgekommen. ›Watt schall datt dann, datt is doch Daomelei! Nu ist't ower allmählich goat wän!‹«

(Was soll das denn, das ist doch unnütz. Jetzt ist es aber gut gewesen.)

Also dekorierten wir die Festtafel mit Gräsern und Wildblumen, die natürlich schnell dahinwelkten. Den

Rest des Vormittags verbrachten wir mit Warten auf Siegfried, der um zwölf Uhr eintreffen sollte.

Dann erschien er endlich – in kurzer Sonntagshose, in Sonntagsschuhen mit weißen Söckchen. Und – da staunten wir nicht schlecht – mit einer kleinen schwarzen Fliege um den Hals, in der Hand ein Sträußchen ›Tränendes Herz‹. Dazu müsst ihr wissen, dass Siegfried das jüngste von sieben Geschwistern war. Seine Mutter unterstützte die Freundschaft mit unserem Dreimädelhaus und in der Tat war er unser bester Freund.«

»Schade, dass ihr den Auftritt nicht fotografiert habt«, meint Jule.

»Ach, das ging ja gar nicht. Das Handyzeitalter kam ja erst hundert Jahre später.«

Gerade kommt Christina, Jules Taufpatin, mit einem schön verpackten Geschenk auf die Terrasse. Natürlich sind es die gewünschten Bücher, wie Jule beim Auspacken sofort erkennt.

»Erzählst du gerade wieder eine Story von früher, Maria?«, fragt Christina. »Dann höre ich gerne zu.« Sie nimmt sich ein Stück von der Eistorte und Katja, Jules Mutter, gießt ihr Kaffee ein.

Oma nickt. »Ja. Ich erzähle gerade die Geschichte von unserem Freund Siegfried, den wir am Geburtstag meiner Schwester zum Mittagessen einladen durften – was damals nicht üblich war.«

»Erzähl weiter, welches Menü gab es denn?«, fragt Charleen, das jüngste der drei Mädchen.

»Da wirst du staunen, Charleen! Kalte Johannisbeerensuppe und Butterkartoffeln. Das hatten wir uns gewünscht. Und alles aus dem eigenen Garten.«

»Und zum Nachtisch Eis«, meint Jule vorschnell.

»Ach nein, Fehlanzeige. Ihr hattet ja keine Kühltruhe. Also, was gab's?«

»Ein Dessert, das es sonst nur an hohen Festtagen gab: Waldmeister-Wackelpudding.«

»Der schmeckt am besten aber nur gekühlt«, wirft Christina ein.

»Genau. Der Pudding wurde am Abend vorher gekocht und dann in eine große Schüssel, die mit Brunnenwasser gefüllt war, in den Keller gestellt.«

»Und was war denn das Tolle an dem Geburtstag, an dem es nicht mal Geschenke gab, Oma?«, fragt Charleen.

Jule ergreift statt Oma das Wort. »Also Charleen – ich glaube, ich hab's verstanden. Erstens durftet ihr einen Freund zum Mittagesen einladen, was sonst nicht üblich war.«

Oma nickt.

»Und zweitens gab für alle Kinder ein besonderes Mittagessen«.

»Was auch nicht üblich war«, ergänzt Charleen.

»Und drittens«, fügt Oma hinzu, »drittens brauchten wir an *dem* Nachmittag keine Arbeiten zu verrichten, wenn nicht gerade ›Holland in Not‹ war, wie Mutter immer sagte.«

»Was meinte sie denn damit?«, fragt Charleen. »Holland in Not? Hab ich noch nie gehört.«

»Das bedeutet, wenn nicht gerade alles drunter und drüber ging«, erklärt Oma. »Oder wenn gerade nicht viel zu tun war. Ich müsst wissten, im Alltag gab es sonst für uns viele kleine Aufträge: ›Eine muss eben zum Bäcker laufen! Wer deckt den Tisch? Wer holt Salat aus dem Garten? Wer bringt Vesperbrot aufs Feld? Wer holt die Kühe zum Melken? Ihr müsst unbedingt den Wassertrog in der Kuhweide vollpumpen, aber wirklich voll! Ihr habt ja die jüngsten Beine!‹«

»Gutes Stichwort«, meint Katja. »Wer räumt mit mir den Tisch ab? Ich sehe, alle sind fertig mit dem Kaffeetrinken.«

»Und wer holt für Opa Just ein kühles Bier?«

HOCHSOMMER

Der Juli und der August waren in der Kindheit unsere Lieblingsmonate.

Ferien und viel Freiraum für uns, weil die Erwachsenen zu sehr mit der Ernte beschäftigt waren, um uns zu kontrollieren ...

Barfuß durch den frischen Klee, die Wege am duftenden Korn entlang.

Plitsch! Platsch!

Barfuß die harten Gartenwege entlang und dann Kirschen und Johannisbeeren naschen.

Das ist ein Hochgenuss.

Jetzt braucht man nicht mehr nach einem Butterbrot zu fragen, wenn man Hunger hat.

Wir spielen viel auf dem Rasen. Manchmal mit unseren Puppen auf einer alten Decke.

Aber am Nachmittag heißt es dann oft: Johannisbeeren pflücken.

Wir haben mindestens zehn vollbehangene Sträucher.

Wenn die Johannisbeeren verkauft werden sollen, müssen wir die Beeren vorsichtig mit den Rispen von den Sträuchern lösen.

Das dauert. Diese Arbeitsweise ist bei uns nicht beliebt.

Viel lieber machen wir ritsch, ratsch und streifen die Beeren einfach so ab, weil das Spaß macht.

Sind ja nur Einmachjohannisbeeren, die zum Teil beim Einkochen sowieso platzen.

Aber Mutter ist streng, wenn sie die Ausbeute prüft.

»Wer hat da wieder zu viele Blätter mit abgerissen?

Wer hat schon mit einem neuen Strauch angefangen, obwohl der andere noch nicht vollständig leer ist?

Wer hat den Eimer umgestoßen und die kostbaren Beeren liegen im Sand?«

Ich bin vier Jahre alt, mittags immer völlig müde, so dass ich noch ein Schläfchen machen darf.

Manchmal wird es auch ein ausgedehnter Schlaf bis drei oder vier Uhr.

Du glaubst, damit hat sich für mich dann auch das Pflücken erledigt?

Keineswegs.

Unter dem Fenster meiner Kammer steht immer ein alter Küchenstuhl.

Rausklettern, die anderen suchen und weiter geht's mit den doofen Johannisbeeren, die eingemacht im Winter so lecker schmecken.

NOCH MEHR KREISSPIELE

Jule kommt unverhofft bei Oma hereingeschneit.

»Oma, du hast mir ja neulich dieses ganz alte Biba-butzemann-Buch mit den Einklebebildern mitgegeben ... Da hab ich mal eine Frage.«

Oma horcht auf. »Ja, mal los!«

»Also, ich wollte fragen, ob ich das wohl behalten kann?«

Oma kennt Jules Vorliebe für schöne alte Bücher und antwortet ohne zu zögern. »Aber klar, Jule. Ich bin ja froh, wenn jemand diese Bücher wertschätzt. Was hast du denn darin noch entdeckt?« Oma ist gespannt.

»Also, wir haben uns ja neulich an eine Menge von Kreisspielen erinnert, wie ›Wir treten auf die Kette‹ oder ›Machet auf das Tor‹ oder ›Plumpsack‹ oder ... Weißt du noch eins, Oma?«

»Es war einmal ein kleiner Mann«‹, ergänzt Oma.

»Klar Oma! Dein Lieblingsspiel! Also, im Kindergarten mochte ich eigentlich die Spiele lieber, bei denen man nicht ausgewählt werden konnte.«

Oma horcht auf. »Welche Spiele meinst du genau?«

Jule schlägt das Buch auf. »Hier zum Beispiel: ›Zeigt her eure Füße, zeigt her eure Schuh‹ oder ›Wollt ihr wissen, wollt ihr wissen, wie's die kleinen Mädchen machen?‹ Und ›Wir sind die Musikanten‹ fand ich auch immer gut. Nee, noch besser war: ›Wer will fleißige Handwerker sehn‹ und das beste: ›Grün, grün, grün sind alle meine Kleider‹. Dabei konnte man mit vielen anderen öfter in den Kreis gehen, wenn etwas von der betreffenden Farbe in der eigenen Kleidung zu finden war. So haben wir dieses Spiel wenigstens gespielt. Ich weiß noch, dass Melina einmal bei der Farbe Weiß auf ihre Unterhose gezeigt hat. Das war ein toller Spaß für alle und keiner hat sich dabei etwas gedacht.«

Oma ist etwas nachdenklich geworden. »Warst du denn bei den anderen Spielen etwa eifersüchtig auf die, die immer ausgewählt wurden, weil sie so beliebt waren oder warst du zu schüchtern, wenn du ausgewählt wurdest? Sei ehrlich, Jule.«

»Du kennst mich doch, Oma. Wer ist denn nicht traurig, wenn er *nie* drankommt? Mir waren die Spiele

immer am liebsten, wo alle das Gleiche im Kreis machen. Dann fühlte ich mich besser.«

»Und welche Spiele spielst du heute am liebsten?«,
fragt Oma scheinbar neugierig.

Jule lacht. »Kein Kommentar, Oma. Doch warte! Am
liebsten spiele ich gerade mit den sechs Welpen von
Sally.«

DAS GLÜCK KOMMT ZU DENEN, DIE LACHEN

Treffen sich zwei Kekse. Sagt der eine zum anderen: »Komm, wir verkrümeln uns!«

Treffen sich zwei Fische. Sagt der eine: »Hi!«. Sagt der andere: »Wo?«

Treffen sich zwei Zapfsäulen. Fragt die eine: »Wie läuft's?«
Sagt die andere: »Normal. Und wie läuft's bei dir?«
»Super!«

Treffen sich ein Wolfshund und ein Ameisenbär. Fragt der Ameisenbär: »Was für ein Tier bist du denn?«
»Ich bin ein Wolfshund. Mein Vater war ein Wolf und meine Mutter eine Hündin. Und was bist du?«
»Ich bin ein Ameisenbär.«
»Ach, nee, das glaubst du doch wohl selbst nicht!«

AUF GEHT'S IN DEN AUGUST – MIT ZWEI LEICHTEN RÄTSELN

Ach, ich armer Schmiedeknecht,
hab' keine Hand, zeig immer Recht.
Hab keine Füß', muss immer geh'n
Tag und Nacht Schildwach steh'n.

Lösungshilfe: So sah ich früher aus

Hab viele Gesichter, auch ohne Zahlen,
mich kann wohl jedermann bezahlen.
Steh nur still, wenn die Batterie es will.

Lösungshilfe: So sehe ich heute aus

AUGUST

MONDNACHT

Es war, als hätt' der Himmel
Die Erde still geküsst,
Dass sie im Blütenschimmer
Von ihm nun träumen müsst.

Die Luft ging durch die Felder,
Die Ähren wogten sacht,
Es rauschten leis' die Wälder,
So sternklar war die Nacht.

Und meine Seele spannte
Weit ihre Flügel aus,
Flog durch die stillen Lande,
Als flöge sie nach Haus.

(Joseph von Eichendorff)

Radfahren kommt dem Flug der Vögel am nächsten.
(Louis J. Halle)

Nichts ist vergleichbar mit der einfachen Freude, Rad zu fahren.
(John F. Kennedy)

Das Leben ist wie Rad fahren. Du fällst nicht, solange du in die Pedale trittst.
(Claude Pepper)

Hat man den Weg gegen sich, so ist das nur ein Grund, stärker auszuschreiten.
(Julius Langbehn)

Lieber mit dem Rad zum Strand, als mit dem Cabrio zur Arbeit.
(unbekannter Verfasser)

Wer später bremst, ist länger schnell.
(mündlich überliefert)

Der August (benannt nach dem römischen Kaiser Augustus) wird auch auch Ährenmonat, Sichelmond oder Ernting genannt.

5. August: Der Oswaldtag muss trocken sein, sonst werden teuer Korn und Wein.

15. August: Um Maria Himmelfahrt, das wisse, gibt's die ersten Nüsse.

28. August: An Sankt Augustin zieh'n die warmen Tage wohl dahin.

Hildegard sagt zu Rosa: »Im August beim ersten Regen, pflegt die Hitze sich zu legen.«
Rosa sagt zu Walter: »Ist's im August recht hell und heiß, lacht der Bauer in vollem Schweiß.«
Walter sagt zu Arnold: »Der Regen im August ist für den Wald Erquickungslust!«

»Kräht der Hahn noch auf dem Mist, sind wir, wo es schöner ist.«

WIR SIND DURCH DEUTSCHLAND GEFAHREN

Wir sind durch Deutschland gefahren
vom Meer bis zum Alpenschnee.
Wir haben noch Wind in den Haaren,
den Wind von den Bergen und Seen.
Wir haben noch Wind ...

In den Ohren das Brausen vom Strome,
der Wälder raunender Sang,
das Geläut von den Glocken der Dome,
der Felder Lerchengesang.
Das Geläut von den Glocken ...

In den Augen das Leuchten der Sterne,
das Flimmern der Heidsonnenglut,
und tief in der Seele das Ferne,
das Sehnen, das nimmermehr ruht.
Und tief in der Seele ...

(Volks- und Wanderlied)

BERGVAGABUNDEN

Wenn wir erklimmen schwindelnde Höhen,
steigen dem Gipfelkreuz zu,
in unseren Herzen brennt eine Sehnsucht,
die lässt uns nimmermehr Ruh'.

Herrliche Berge, sonnige Höhen,
Bergvagabunden sind wir, ja wir.
Herrliche Berge, sonnige Höhen,
Bergvagabunden sind wir.

Mit Seil und Haken, alles zu wagen,
hängen wir an der steilen Wand.
Herzen erglühen, Edelweiß blühen,
wir klettern mit sicherer Hand.

Herrliche Berge ...

(Wanderlied aus Franken)

RADFAHREN

Oma ist mit ihrem E-Bike in Rüschendorf zu Besuch gewesen und will sich gerade verabschieden. Katja, Jules Mutter, räumt das Geschirr in die Spülmaschine, während Oma die zwei Hunde streichelt. Da schneit Jule herein.

»Mann, ist das heiß heute!«, stöhnt sie. »Ich glaub, in meinem Zimmer oben sind es mindestens vierzig Grad.« Sie wendet sich an ihre Mutter. »Mama, kannst du mich eben nach Damme bringen? Ich muss mir noch was in der Buchhandlung besorgen.«

»Das könnte ich schon«, meint Katja, »aber ich möchte eigentlich noch ein Brot backen. Du kannst doch das Fahrrad nehmen und Oma begleiten. Zeit hast du ja wohl.«

»Dann nehme ich aber deins, Mama, meins ist nicht gut aufgepumpt.«

Katja lacht. »Ich bitte dich, Julchen, daran sollte es doch wohl nicht scheitern.«

»Soll ich das eben machen?«, fragt Oma.

Das ist Jule nun doch zu peinlich.

»Nee, nee, wartest du eben, Oma? Ich hole schon die Pumpe.«

Fünf Minuten später können Oma und Jule starten. Sie nehmen einen Binnenweg, der wenig befahren ist. Oma liebt diesen Weg. Er führt an einer Pferdekoppel vorbei und dann einen steilen Hang hinauf – durch Äcker und Wiesen zu einer kleinen Anhöhe, von der aus man die Stadt Damme und ihre Kirchtürme sehen kann.

»Radfahren im Sommer finde ich immer ganz herrlich«, meint Oma.

»Ich weiß nicht«, entgegnet Jule. »Ich warte eigentlich nur darauf, dass ich endlich den Führerschein habe.«

»Früher musste man immer ein Rad in die Hand nehmen, wenn man irgendwo hinwollte, ich meine nach dem Krieg«, wagt Oma anzumerken. »Als junges Mädchen fand ich es immer toll, mit wehendem Rock und wehenden Haaren den Sommerwind und die Natur zu genießen.«

Jule kommt Oma mit dem Rad etwas näher: »Du meinst wohl, als du jung und verliebt warst, Oma?«

Oma schmunzelt und verlangsamt ihr Tempo. »Oh, nein, Jule. Nicht nur dann. Bist du nicht schon einmal an einem Garten vorbeigefahren, in dem der Flieder blüht, an einem reifen Roggenfeld, an einer Wiese mit frisch gemähtem Gras oder an wilden Kirschbäumen, in denen gerade die Stare sitzen? Hast du all die verschiedenen Gerüche − nein - die *wunderbaren Düfte* schon einmal bewusst aufgenommen?«

Jule blickt Oma erstaunt an und hat auch ihr Tempo gedrosselt. »Ich ... ich rieche immer nur *Güülllle!* Und das ist ziemlich ätzend!« Aber dann lässt Jule sich auf Omas Thema ein. »Ich weiß ja, Omi, dass du jeden Tag einen Neunkilometerweg zur Schule hattest. Das hast du ja schon ein paar Mal erzählt, und ich erinnere mich auch noch daran, dass du meistens mit einer ziemlich alten Klapperchaise fahren musstest.«

»Stimmt genau. Aber das ging ja nicht anders. Es war eben kein Geld für ein neues Rad da.« Oma macht eine Pause. »Dann zähl *du* doch einmal nach, wie viele Fahrräder du in deinem Leben schon gehabt hast!«

»Oh, das ist ein gutes Thema. Warte, Oma, wollen wir nicht eine kleine Pause machen? Da vorne ist eine Bank.«

Beide stoppen bei einem Wegekreuz, stellen die Räder vor der Holzbank ab und nehmen Platz.

»Also Oma, ich wollte dir ja meine Räder aufzählen. Zuerst kommt das Laufrad, von Luca geerbt, dann das Dreirad.«

»Auch von Luca geerbt«, ergänzt Oma.

»Dann – ich glaube – ein neues kleines Kinderrad wahrscheinlich, weil Luca ihr Kinderrad noch im ersten Schuljahr hatte, dann ein richtiges, etwas größeres Rad zum Schulanfang ...«

»Stopp, das sind ja schon vier Räder bis zum Schulanfang«, meint Oma. »Das hätte es früher nie gegeben. Aber ich weiß ja – heutzutage und auch bei euch in der Siedlung ist das gang und gäbe.«

»Gab's früher – ich meine nach dem Krieg – denn überhaupt keine Kinderräder?«, fragt Jule.

Oma nickt. »Wenn man mit dem Rad fahren wollte, konnte man das nur mit einem Erwachsenrad, das achtundzwanzig Zoll hatte.«

»Zoll, Zoll ... ich weiß, das ist der Durchmesser der Räder. Im dritten und vierten Schuljahr hatte ich nämlich ein Vierundzwanziger-Zoll-Rad. Aber mal was anderes. Oma, du hast nicht zufällig etwas zu trinken dabei?«

»Habe ich immer, im Alter soll man ja viel trinken«, sagt Oma lächelnd und zeigt auf ihren Gepäckträger.

Jule nimmt den Jutebeutel aus dem Korb. »Möchtest du auch?«

Oma schüttelt den Kopf.

Jule stärkt sich, schließt die Flasche, steckt sie wieder in den Beutel und schaut wie Oma in die Runde. »Hier hat man ja einen tollen Ausblick: gelbe Stoppelfeder, grüne Maisflächen, umgepflügte braune Ackerflächen und in der Ferne das Häusermeer mit den herausragenden Kirchtürmen. Schon allein die unterschiedlichen Farben, wie ein Patchworkteppich!«

Das findet Oma auch. Sie hat mit Opa an diesem Platz schon oft Rast gemacht.

»Eins interessiert mich noch zum Thema Radfahren, Omi. Wann hast du denn überhaupt – wenn ihr nur große Räder hattet – Radfahren gelernt?«

Oma überlegt. »Ich glaube, das war schon im zweiten Schuljahr. Meine Schwester Irmgard konnte schon Rad fahren und ich wollte es auch unbedingt lernen. In der Schule und bei den Freundinnen zählte man nicht, wenn man nicht Rad fahren konnte.

Die kann noch nicht mal Rad fahren und ist schon im zweiten Schuljahr! Ja, ja, so war das!

Also die erste Phase, in der man noch Unterstützung bekam, ging so: Ein Erwachsener hielt das Rad an Sattel und Lenker fest, ein Pedal war hochgestellt und man trat nach unten. Die Fahrt ging natürlich ganz wackelig los. Man musste immer wieder zum regelmäßigen Treten aufgefordert werden und das Ganze war sehr anstrengend.«

»Wie? Musste man etwa im Stehen treten und gleichzeitig lenken?«, fragt Jule erstaunt. »Da musste deine Mutter aber sicher lange mit dir üben, bis du das Gleichgewicht halten konntest?«

»Genau, aber dazu hatte sie nur sonntags Zeit. Es hat sicher eine ganze Weile gedauert, bis ich einige Meter geradeaus fahren konnte, was natürlich mit abgeschürften Knien und viel Heulerei verbunden war. Aber Übung macht den Meister. Ich wollte fahren können und habe es schließlich auch alleine geschafft. So, Jule. Das war eine lange Pause. Lass uns mal weiterfahren.«

Jule steht auf und blickt hinter sich. »Ah, das sind die Rosen in dem Beet, die so schön duften. Hmm!« Sie saugt den Duft noch einmal tief ein.

Bevor die beiden aufs Rad steigen, weist Oma noch einmal auf die Bank hin.

»Schau mal, Jule, hast du auch den frommen Spruch gelesen, der da auf der Rücklehne der Bank eingeschnitzt ist?«

Jule liest laut vor: »Im schönen Garten der Natur siehst du des großen Gottes Spur‹. Passt hundertprozentig, Oma!«

DREI FÄHRRÄDER

Als ich endlich das Radfahren gelernt hatte, standen mir drei Fahrräder zur Verfügung.

Nein, das ist ganz falsch. Drei Fahrräder standen für fünf Personen bereit: für drei Kinder und zwei Erwachsene.

Du meinst, die Rechnung geht nicht auf?

Alles eine Frage der Organisation. Hier stellen sich die drei Räder einmal vor:

Ich bin das Melkrad.

Jeden Morgen und jeden Abend wird eine leere Kanne auf der einen Seite an meinen Lenker gehängt.

Auf der anderen Seite baumelt der Melkeimer mit dem Siebtuch zum Seihen der Milch und ein Tuch zum Abputzen des Euters.

Der Hinweg zur Weide ist leicht zu bewältigen. Da mein Tretlager kaputt ist, kann man mich aber nur schieben.

Der Rückweg mit der vollen Kanne ist immer sehr anstrengend. Aber mein stabiler Lenker hält das aus.

Ganz früher war ich auch mal ein Sonntagsfahrrad. Das waren schöne Zeiten. Daran denke ich gerne zurück.

Ich bin das Alltagsrad und habe schon einige Jahre auf dem Buckel.

Meistens fährt das Kind, welches das Gymnasium besucht, mit mir zur Schule, mit der Schultasche auf dem Gepäckträger.

Die Mädchen aus dem Dorf treffen sich morgens immer und fahren dann zusammen zur Liebfrauenschule.

Ihre Fahrräder sehen auch nicht besser aus als ich. Ich habe außerdem gerade noch ein schönes buntes Hinterradnetz bekommen.

Aufpassen müssen wir besonders, wenn die Jungen aus dem Dorf uns überholen.

Hermann guckt sich immer ein Mädchen aus, das er in den Graben lenkt. Ich war Gott sei Dank noch nicht dran.

Aufpassen muss ich auch, dass ich von Scherben oder ganz scharfen Steinen keinen Platten bekomme. Meine Reifen sind schon etwas abgelaufen.

Springt die Kette einmal ab, werde ich auf den Kopf gestellt und dann wird die ausgeleierte Kette wieder draufgezogen. Morgens ist das schlecht wegen der öligen dreckigen Hände.

Jetzt bin ich noch mit meinem Los zufrieden, aber ich fürchte, ich werde wohl als Melkrad enden.

Ich bin das sogenannte beste Rad, von der bekannten Marke Göricke und gerade erst zwei Jahre alt, stabil und hochwertig. Einmal im Monat werden meine Räder von den Kindern geputzt.

Ansonsten habe ich mit den Kindern nichts zu tun. Das heißt doch. Manchmal nimmt Mutter das jüngste Kind auf dem Gepäckträger mit zur Kirche.

Die andern beiden Kinder müssen immer zu Fuß gehen. Mutter und Tante fahren mit mir zur Post, zu Besuchen oder gar in die Kleinstadt.

Ich allein weiß schon Anfang Dezember, welche Weihnachtsgeschenke an Heiligabend unter dem Tannenbaum liegen werden.

Ich hoffe sehr, dass ich meine besondere Stellung noch lange halten kann, wenn man mich gut pflegt.

MÄRCHENSPIELE

Oma schaut sich gerne die Alben an, in die sie Fotos aus der Kindergartenzeit ihrer drei Enkelinnen eingeklebt hat. Sie hat gerade die Seite von Jules Entlassung aus dem Kindergarten geöffnet, als Jule sich zu ihr setzt: »Schau mal, Jule, da hast du sogar in einem Singspiel mitgemacht.«

Jule nimmt das Fotobuch in die Hand. »Oh, ich erinnere mich. Es hieß ›Sieben auf einen Streich‹. Also das war das Märchen ›Vom tapferen Schneiderlein‹. Märchenspiele fand ich immer toll.«

»Ja, du warst auch sehr tapfer, musstest viel Text lernen und dann auch noch vorsingen als Schneiderlein. Wir haben dich damals sehr ermutigt und gelobt.«

Jule schaut mit Stolz noch einmal die ganze Fotoreihe an. Dann meint sie: »Noch lieber waren mir die Märchenspiele, bei denen alle mitsingen konnten. Eins weiß ich noch ...« Sie beginnt zu singen: »*Dorn-*

röschen war ein schönes Kind, schönes Kind, schönes Kind, Dornröschen war ein schönes Kind ...«

Oma singt weiter. »*Sie kämmte sich ihr gold'nes Haar ...*«
Jule unterbricht sie. »Nein, nein, so geht das nicht, Oma!« Sie spricht Oma den Anfang der anderen Strophen vor. »*Dornröschen, nimm dich ja in acht ... Da kam die böse Fee herein ... Dornröschen schlafe hundert Jahr ... Da wuchs die Hecke riesengroß ... Da kam der junge Königssohn ... Dornröschen wache wieder auf ... Dann feierten sie das Hochzeitsfest ... Da jubelte das ganze Volk ...*«
Oma staunt. »Du kannst ja noch alle Strophen!«
»Klar, solche Lieder vergesse ich nicht. Aber es gibt doch auch noch ein Lied über Hänsel und Gretel. Wie fängt das noch an, Oma?
Oma klappt das Album zu. »Solche Lieder vergisst man nicht«, wiederholt sie und fäng auch an zu singen. »*Hänsel und Gretel verliefen sich im Wald. Es war so finster und auch so bitterkalt. Sie kamen an ein Häuschen von Pfefferkuchen fein. Wer mag der Herr wohl von diesem Häuschen sein?* So, jetzt bist du dran, Jule.«
Jule hat schon ihr Hexengesicht aufgesetzt und macht ganz theatralisch weiter, sodass Oma ihren Spaß hat.
»*Hu, hu, da schaut eine alte Hexe raus! Sie lockt die Kinder ins Pfefferkuchenhaus. Sie stellte sich gar freundlich, oh Hän-*

sel welche Not! Ihn will sie braten im Ofen braun wie Brot. Doch als die Hexe zum Ofen schaut hinein, ward sie gestoßen von Hans und Gretelein. Die Hexe musste braten. Die Kinder geh'n nach Haus. Nun ist das Märchen von Hans und Grete aus. So, Oma, Schluss mit der Märchenstunde, ich muss jetzt leider, leider die blöden Vokabeln lernen.«

»Warte noch eben«, meint Oma. »Mir ist gerade noch das Lied, in dem die goldenen Haare vorkommen, wieder eingefallen. Es wird nach der Melodie von Dornröschen gesungen und heißt: *Die Anna saß auf einem Stein ...*«

»Bingo, Oma. Das kenn ich zwar nicht, aber deine grauen Zellen scheinen ja noch gut zu funktionieren!«

LACHEN IST DIE GRÖSSTE FREUDE

Zwei Blondinen sind mit dem Rad unterwegs. Plötzlich steigt die eine ab und lässt die Luft aus ihren Reifen.

Sagt die andere: »Warum machst du das?«

»Der Sattel ist mir zu hoch.«

Daraufhin tauscht die andere den Lenker mit dem Sattel aus.

Fragt die erste: »Und was machst du jetzt?«

Sagt die andere: »Du bist mir einfach zu blöd. Ich fahr jetzt zurück!«

Häschen kommt mit seinem Fahrrad an die Tankstelle.

»Bitte volltanken!«

Tankwart: »Du hast wohl 'ne Schraube locker?«

Häschen: »Kandu auch gleich festmachen!«

AUF GEHT'S IN DEN SEPTEMBER

(mit einem Gedicht, das wohl jeder kennt)

Herr von Ribbeck auf Ribbeck im Havelland,
ein Birnbaum in seinem Garten stand,
und kam die goldene Herbsteszeit
und die Birnen leuchteten weit und breit,
da stopfte, wenn's Mittag vom Turme scholl
der von Ribbeck sich beide Taschen voll.
Und kam in Pantinen ein Junge daher,
so rief er: »Junge, wiste 'ne Beer?«
Und kam ein Mädel, so rief er: »Lütt Dirn,
kumm man röwer, ick hebb 'ne Birn.«

So ging es viele Jahre, bis lobesam
der von Ribbeck auf Ribbeck zu sterben kam ...

Wer weiß weiter ...?

SEPTEMBER

IN EINEM KLEINEN APFEL

In einem kleinen Apfel
da sieht es lustig aus.
Es sind darin fünf Stübchen,
grad wie in einem Haus.

In jedem Stübchen wohnen
zwei Kernchen schwarz und fein.
Sie liegen drin und träumen
vom lieben Sonnenschein.

Sie träumen auch noch weiter
gar einen schönen Traum,
wie sie einst werden hängen
am schönen Weihnachtsbaum.

(Volksgut)

Eine Schwalbe macht noch keinen Sommer.
(Aesop)

Die Natur ist die beste Apotheke.
(Sebastian Kneipp)

Blumen sind das Lächeln der Erde.
(Ralph Waldo Emerson)

Es gibt überall Blumen für den, der sie sehen will.
(Henri Matisse)

Die Natur ist das große Bilderbuch, das der liebe
Gott draußen für uns aufgeschlagen hat.
(Joseph von Eichendorff)

Der September wird auch Scheiding oder Scheidemonat genannt.

7. September: Ist Regine warm und sonnig, dann bleibt das Wetter lange wonnig.

8. September: An Maria Geburt fliegen die Schwalben fort.

12. September: An Mariä Namen sagt der Sommer Amen.

21. September: Die Wintersaat gar wohl gerät, wenn man sie bis Matthäus sät.

Herbert sagt zu Wilhelm: »Im September schwitzen, im Dezember sitzen.«
Wilhelm sagt zu Wilhelmine: »Der September ist der Mai des Herbstes.«

»Lässt der Hahn die Arbeit ruh'n, kriegt er's mit dem Huhn zu tun.«

SAH EIN KNAB EIN RÖSLEIN STEH'N

Sah ein Knab ein Röslein steh'n,
Röslein auf der Heiden,
war so jung und morgenschön,
lief er schnell, es nah zu sehn,
sah's mit vielen Freuden.
Röslein, Röslein, Röslein rot,
Röslein auf der Heiden.

Knabe sprach: »Ich breche dich,
Röslein auf der Heiden.«
Röslein sprach: »Ich steche dich,
dass du ewig denkst an mich,
und ich will's nicht leiden.«
Röslein, Röslein, Röslein rot,
Röslein auf der Heiden …

(Text: Wolfgang von Goethe, Musik: Franz Schubert)

180

LIED VON DER LORELEY

Ich weiß nicht, was soll es bedeuten,
dass ich so traurig bin.
Ein Märchen aus uralten Zeiten,
das kommt mir nicht aus dem Sinn.
Die Luft ist kühl und es dunkelt,
und ruhig fließt der Rhein.
Der Gipfel des Berges funkelt
im Abendsonnenschein.

Die schönste Jungfrau sitzet
dort oben wunderbar.
Ihr gold'nes Geschmeide blitzet,
sie kämmt ihr goldenes Haar.
Sie kämmt es mit goldenem Kamme
und singt ein Lied dabei ...

(Text: Heinrich Heine, Melodie: Friedrich Silcher)

WELCHE FRISUR IST IN?

Jule wünscht sich zu Weihnachten einen Haarglätter. Ja, das teure kosmetische Utensil nennt sich »Haarglätter«, obwohl es auch zum Lockendrehen geeignet ist. Heute aber will Jule erst einmal vor dem Spiegel Frisuren für den Abtanzball ausprobieren – noch ohne Haarglätter. Oma hat sich im Bad auf einen Hocker gesetzt und schaut amüsiert zu.

»Wenn der Haarglätter zu teuer ist«, meint Jule, »dann kannst du das Gerät ja vielleicht gebraucht bekommen, Oma.«

Oma seufzt. Sie muss also später mal wieder im Internet surfen, um genau zu erfahren, um welches Gerät es sich dabei handelt, wie teuer es ist und wo sie es kaufen könnte.

»Das war doch früher viel einfacher«, sagt Oma schließlich. »Die Mädchen trugen eine Einheitsfrisur,

nämlich Zöpfe bis zum vierzehnten Lebensjahr – oder, wenn man kurze Haare hatte, eine Ponyfrisur.«
Jule dreht sich zu Oma um. »Entschuldige Oma. Warum gerade diese Grenze – bis zum vierzehnten Lebensjahr? Was hatte das zu bedeuten?«
Oma überlegt. »Früher, das heißt, nach dem Krieg, besuchten fast alle Kinder die Volksschule«, erklärt sie. »Zur weiterführenden Schule kamen meist nur Kinder, deren Eltern sich das leisten konnten, die besonders begabt waren oder die einen speziellen Berufswunsch für ihre Kinder hatten, zum Beispiel, wenn der Älteste Pastor werden sollte. Alle anderen Kinder wurden mit vierzehn Jahren entlassen. Dann konnte man eine Lehre machen oder voll am Arbeitsleben auf dem Hof teilnehmen.«
Jule macht große Augen. Sie ist gerade dabei, eine Pferdeschwanzfrisur auszuprobieren. »Oh je, dann wäre ich ja schon zwei Jahre am Arbeiten, ich meine körperlich.«
»Genau. Und du, du meinst schon oft, dass Zimmer oder Küche aufräumen eine schwere Arbeit ist ... entschuldige, das geht mich eigentlich ja auch nichts an.«
Normalerweise mischt Oma sich nicht in die Erziehung ihrer Enkelkinder ein, aber diese Bemerkung konnte sie sich doch nicht verkneifen.

Jule nimmt diese indirekte Rüge gelassen hin. »Ach, so 'n Pferdeschwanz passt absolut nicht zum Ballkleid. Wohl eher eine Hochsteckfrisur?«, überlegt sie laut. »Stimmt schon, Oma. Aber sag mal, was hatte das Alter denn mit der Frisur zu tun?«

»Nun, wenn ein Mädchen vierzehn war, durfte es sich die Haare abschneiden lassen und bekam vielleicht sogar eine Dauerwelle. Ältere Frauen hatten die Haare oft streng nach hinten gekämmt und meistens in einem Knoten oder Dutt zusammengefasst«, erklärt Oma.

»Wie im Mittelalter? Das verstehe ich nicht! Durfte man als Mädchen mit seinen Haaren nicht machen, was man wollte? Ich kann meine Haare zum Beispiel lang tragen, als Pferdeschwanz oder auch Zöpfe daraus flechten. Gab es vielleicht früher ein Gesetz, das die Frisuren vorschrieb? Oh, warte — einen Dutt kann ich auch versuchen.«

Schon hat Jule ihre langen Haare zu einem Dutt auf dem Kopf gezwirbelt und festgesteckt.

Oma lacht. »Sieht gut aus! Weißt du, einige *Akzente* konnte man früher schon setzen.«

»Bei einer Einheitsfrisur?« Jule hat da ihre Zweifel.

Oma klärt sie auf. »Alltags trug man braune oder farbige Zopfspangen, sonn- und feiertags Schleifen, die an die Enden der Zöpfe gebunden oder geknüpft wurden.«

»Das habe ich schon einmal auf alten Fotos gesehen, sieht echt witzig aus.« Jule steht auf. »Warte, Oma, ich hol mal schnell das Album von deiner Kindheit. Steht das noch an derselben Stelle in deinem Zimmer?«

Oma nickt, Jule eilt hinaus und kommt mit dem aufgeschlagenen Album zurück. »Deine Schwester hatte aber schöne dicke Haare«, meint sie, »und du nur so dünne Rattenschwänze, die dazu noch hochgebunden sind. Tolle Variante, wär ich gar nicht drauf gekommen.«

»Diese Frisur nannte man Affenschaukel«, erklärt Oma.

Jule muss laut lachen. »Affenschaukel, Affenschaukel. Ich glaub's nicht. Hätte ich mir nie machen lassen!«

Daraufhin sieht Oma Jule forschend von oben bis unten an. »O.K.«, schlägt sie vor. »Bei deinem dicken und langen Haar hättest du gut eine Gretchenfrisur mit einem Zopfkranz tragen können. So wie die Mädels aus Bayern, wenn sie in Trachten gehen.«

Aber Jule hat für diese Art, Tradition zu bewahren, (noch) kein Verständnis.

»Völlig uncool, Oma. Aber zu der ›Wumtata‹-Musik der Bayern fällt mir noch etwas anderes ein. Wie waren denn die Jungs früher frisiert? Auch mit einer Einheitsfrisur?«

»Klar, Pottdeckel auf den Kopf und dann rundherum mit der Schere - zapp!«

»Stopp, stopp, Oma.« Spontan droht Jule Oma mit dem Zeigefinger. »Bitte bei der Wahrheit bleiben.«

Oma lässt sich einen Moment Zeit. »Das weiß ich gar nicht genau«, sagt sie schließlich. »Jungs habe ich, als ich klein war oder später in der Schule überhaupt nie angeguckt ... Nein, im Ernst ...« Oma will Jule etwas auf die Folter spannen, was ihr auch gelingt.

»Nun sag schon, Oma«, drängt Jule.

»Also ...« Oma scheint zu überlegen. »Ich glaube, alle Jungs hatten eine Ponyfrisur und später trugen sie einen kurzen Herrenschnitt. So ähnlich wie die modischen Herrenfrisuren heute, mit den glattrasierten Partien an beiden Seiten des Kopfes. Ja, ja, alles Alte kommt doch einmal wieder.«

»Aber in veränderter Form«, stellt Jule fest. Sie legt das Album auf den Tisch. »Außerdem gab es damals wohl kaum Gel und Haarspray, um die Frisur wetterfest zu machen, oder? Schau mal, Oma. Ich glaube, ich werde die Haare wohl hochstecken, aber ein paar

Locken sollten schon ganz natürlich das Gesicht umrahmen.«

Ja, Jule weiß, was ihr steht. Das findet Oma schon lange.

»Früher«, beginnt Oma, »da nahm man statt Gel und Spray klares Wasser, Öl oder Buttermilch ...«

»Igitt.« Jule verzieht das Gesicht. Das Stylingmittel Buttermilch hat sie Oma natürlich nicht abgenommen. »Nicht gerade appetitlich und bestimmt nicht attraktiv.« Jetzt scheinen ihre grauen Zellen intensiv zu arbeiten. »Welchen Haarschnitt trug Opa denn im Tanzkursus?«, fragt sie geradeheraus. »Das hast du doch sicher behalten. Oder?«

Sie schaut Oma lachend und erwartungsvoll an, weil sie weiß, dass Opa Oma zum Abtanzball eingeladen hatte.

Oma holt sich das Album vom Tisch und schlägt es wieder auf. »Hier. Schau und urteile selbst.«

Jule betrachtet das Schwarz-Weiß-Foto eine ganze Weile. Dann sagt sie: »Groß und schlank, aha. Ein wirklich süßer Bubi. Macht aber einen etwas schüchternen Eindruck, trotzdem irgendwie süß. Links gescheitelt mit Lockenkopf. Nicht schlecht, Oma.« Jule stellt sich wieder vor den Spiegel und steckt die Haare nach hinten. »So wirkt mein Gesicht schmaler, nicht wahr? Also Oma, ich entscheide mich jetzt endgültig für die Hochfrisur. Schau mal.« Jule zieht ein paar Strähnen nach vorne und wägt erneut ab. »So ungefähr? Dann sieht die Frisur lockerer und natürlicher aus. Ob die Friseurin das auch wohl hinkriegt?«

Oma sagt nichts dazu.

Sie hat sich mit ihrer Statistenrolle längst abgefunden und will Jule auf keinen Fall beeinflussen.

Und das könnte sie auch gar nicht.

PERLONSTRÜMPFE

Mit dem Ende des achten Schuljahrs endete die Schulpflicht nach dem Krieg.

Und so war für die meisten Kinder mit vierzehn Jahren die Kindheit vorbei.

Aber jetzt konnten sich die Mädchen endlich die Zöpfe abschneiden lassen und eine Dauerwelle tragen.

In der Kirche durften Jungen und Mädchen hinter dem Quergang, das heißt, bei den Erwachsenen sitzen.

Wer tagsüber hart arbeiten musste, zum Beispiel in der Lehre oder auf dem Bauernhof, durfte am Sonntag äußerlich das Erwachsensein zur Schau stellen.

Die Jungen tragen einen Anzug mit Krawatte, die Mädchen ihr blaues oder schwarzes Entlasssungskleid und – das ist neu und etwas Besonderes – Perlonstrümpfe.

Heute darf ich zum ersten Mal zu meinem dunkelblauen Kleid Perlonstrümpfe tragen. Welch ein tolles Gefühl!

Vorsichtig streife ich sie über die Waden und dann über die Oberschenkel und befestige sie an den Strumpfhaltern.

Ich muss höllisch aufpassen, dass ich dabei nicht mit den Fingernägeln Laufmaschen verursache, sonst heißt es wieder: »Du bist doch eine richtige Pechmarie!«

Es gibt in der Stadt zwar Strumpfgeschäfte, die Laufmaschen aufnehmen, aber das wird teuer.

Und neue Strümpfe kaufen? Keine Chance, so schnell wieder welche zu bekommen.

Oh, je. Ich schaue über die Schulter nach den Beinen. Die Naht sitzt ja völlig schief.

Noch einmal die ganze Prozedur ... so, geschafft.

Habe ich eigentlich schöne Beine? So eine Naht formt und unterteilt das Bein sehr vorteilhaft.

Worauf achten die Jungen eigentlich? Auf das schöne Aussehen? Auf die Figur? Auf die Frisur?

Auf die Haarfarbe?

Auf jeden Fall achten erwachsene Männer auf die Beine. Die dürfen nicht zu dünn sein, aber auch nicht so wie dicke Ständer.

Ich schaue meine mit Perlonstrümpfen verschönten Beine noch einmal an. Ja, die können sich sehen lassen. Eigentlich ganz passabel!

Da fällt mir prompt der Schlager ein, den ich neulich im Radio gehört habe:

Das machen nur die Beine von Dolores, dass die Senores nicht schlafen geh'n.

Wie gut, dass ich nicht laut gedacht habe.

Meine Schwester steht in der Tür: »Was trödelst du herum? Oder träumst du? Komm jetzt endlich, wir müssen los – zur Kirche.«

Ich folge ihr, schaue aber noch schnell über die Schulter. Ja, beide Nähte sitzen richtig.

Juchhe!

VERSTECKEN SPIELEN

Jule sitzt mit Oma auf der Terrasse bei einer Tasse Tee. Es ist schon fast dunkel, aber für einen Septemberabend noch sehr mild. In den anliegenden Gärten spielen die Kinder Verstecken.

»Was glaubst du, Oma, was ist der Reiz dieses Spiels?«, fragt Jule. »Ich meine, dieses Spiel wird sicher seit Jahrhunderten überall auf der Welt gespielt – und es ist immer noch beliebt.«

»Was hat *dir* denn daran immer am besten gefallen, als du noch mitgespielt hast?«, stellt Oma die Gegenfrage.

»Also, wenn ich so recht überlege ... Ich habe oft nach einem besonderen Versteck gesucht und den Suchenden gern dabei beobachtet, wie er, ohne mich zu entdecken, um mich herumschlich. Dann hieß es, schnell aus dem Versteck raus und zum Anschlag laufen.«

Oma hält Jule die Tasse hin und Jule schenkt noch einmal nach.

»Aber erzähl du doch mal, Oma. Ich vermute, dass es auf eurem Hof sicher doch viel bessere Verstecke gab als hier in den Gärten?«

»O ja, da könnte ich dir einige nennen.«

»Als da wären?«

»Also – wir mussten schon den Bereich vorher immer eingrenzen, wenn wir draußen gespielt haben. Verboten war zum Beispiel sich im Haus, im Garten und in der Scheune zu verstecken.«

»Dann blieb ja nicht mehr viel übrig«, meint Jule und nimmt sich noch einen Keks.

»Und ob!«, behauptet Oma. »Gute Verstecke waren der Hühnerstall, der Holz- und der Torfstall. Außerdem die Ackerwagen und die großen Getreidehaufen, die im Winter gedroschen wurden. Dann gab es auch die Unterstände hinter den dicken Eichen. Beliebt waren außerdem die Ecken des Wohnhauses und der Ställe. Dafür musste man allerdings schnell laufen können, um rechtzeitig an der großen Tür anzuschlagen.«

»Oma, du hast den Misthaufen vergessen!«, meint Jule lachend.

Oma hebt scheinbar mahnend den Zeigefinger. »Julepule, Vorsicht! Im Sommer gab es keinen Misthaufen vor der Tür, weil die Kühe ja auf der Weide waren. Der Schweinemist hatte seinen eigenen Platz.«

»Oh, Oma, mir fällt gerade noch etwas anderes ein.« Jule lenkt das Gespräch geschickt in eine andere Richtung. »Beim Verstecken spielen musste man ganz schön clever vorgehen. Meistens kannte ich die Lieblingsverstecke der Mitspieler. Wenn ich suchen und laut bis zwanzig zählen musste, habe ich oft etwas geschummelt. Sobald alle weit genug weg waren, habe ich das Zählen abgekürzt, etwa so: ›Sieben ... - Pause - ... zwanzig! Ich komme!‹«

Oma lacht. »Den Trick kenne ich auch noch«, meint sie. »Ja, ja, ein bisschen mogeln. Aber so ein Abzählreim fällt mir wieder mal nicht ein. Doch einer, warte …

›Ene, mene, muh. Aus bist du!‹«

Jule ergänzt. »Ich kenne auch noch einen:

›Ich und du,

Müllers Kuh,

Müllers Esel,

das bist du!‹

Und

›Ein, zwei, drei, vier, fünf, sechs, sieben.

Eine alte Frau kocht Rüben.

Eine alte Frau kocht Speck – und du bist weg!‹

Und dazu fällt mir noch Folgendes ein: Einen Reim mochten die Jungs im Kindergarten besonders, nur die Erzieherin fand ihn doof. Der ging so:

›Eine kleine Mickymaus

zog sich mal die Hosen aus‹-«

»›zog sie wieder an, und du bist dran‹«, ergänzt Oma und muss schmunzeln. »Solche Sprüche gehen eben nicht verloren. Aber weißt du, Jule ... Ich habe jetzt die ganze Zeit darüber nachgedacht, wo wohl der Ursprung des Versteckspiels liegen könnte. Wahrscheinlich geht das bis in die Steinzeit zurück.«

»Du meinst, als die Menschen noch Jäger und Sammler waren und sich vor wilden Tieren und Feinden verstecken mussten?«, fragt Jule erstaunt. Auch sie überlegt. »Bingo!«, meint sie schließlich. »Du hast Recht, Oma. Und später haben die Kinder im Spiel das Verhalten der Erwachsenen nachgeahmt. Genau, Omi! Sollten wir diese Schlussfolgerung nicht bei Wikepedia eintragen lassen?«

HEUTE SCHON GELACHT?

Geht eine Frau zur Beichte: »Ich bin so eitel, dass ich vor jedem Schaufenster stehen bleibe, um zu sehen, wie schön ich bin.«
Beichtvater: »Das ist keine Sünde, das ist ein Irrtum.«

Friseur: »Langsam werden Ihre Haare grau.«
Kundin: »Kein Wunder, bei Ihrem Tempo.«

Reitet ein Cowboy zum Friseur. Als er wieder rauskommt, ist sein Pony weg.

Grammatikunterricht in der Schule.
Lehrerin: »Wenn ich sage ›Ich bin schön‹ – welche Zeit ist das?«
Schüler: »Vergangenheit!«

Eitelkeit endet bei -10 Grad.

MIT FRISCHEM MUT HINEIN IN DEN GOLDENEN OKTOBER, DEN BUNTEN HERBST

Was wollen wir anfangen?

Einen Spaziergang durch den Wald machen,
mit den Füßen das Laub aufwirbeln,
Kastanien, Pilze sammeln,
neuen Wein (Federweißer) trinken,
leckeren Zwiebelkuchen genießen,
Zugvögel (Kraniche, Wildgänse) beobachten,
ein Buch auf einer Parkbank lesen,
Laub harken, auf Igel achten,
den Garten winterfest machen,
Sommersachen verstauen,
Wintersachen rausholen,
Mottenfallen aufstellen,
Sternschnuppen beobachten?

OKTOBER

HERBST

Die Blätter fallen, fallen wie von weit,
Als welkten in den Himmeln ferne Gärten.
Sie fallen mit verneinender Gebärde.

Und in den Nächten fällt die schwere Erde
Aus allen Sterne in die Einsamkeit.

Wir alle fallen, diese Hand da fällt.
Und sieh dir andere an: es ist in allen.

Und doch ist Einer, welcher dieses Fallen
Unendlich sanft in seinen Händen hält.

(Rainer Maria Rilke)

Die Jagd nach dem Sündenbock ist die einfachste.
(Dwight D. Eisenhower)

Es wird niemals so viel gelogen wie vor der Wahl,
während des Krieges und nach der Jagd.
(Otto von Bismarck)

Die meisten Menschen jagen so sehr dem Genuss
nach, dass sie an ihm vorbeilaufen.
(Sören Kierkegaard)

Die Frau ist die einzige Beute, die ihrem Jäger
auflauert.
(Unbekannter Verfasser)

Jäger sind Menschen, denen niemand ausreden kann,
dass es für einen Rehbock kein größeres Vergnügen
gibt, als von einer Kugel getroffen zu werden.
(Brigitte Bardot)

Der Oktober wird auch Weinmonat oder Rosen-
kranzmonat genannt.

6. Oktober: Sankt Bruno, der Kartäuser, lässt
Fliegen in die Häuser.

16. Oktober: Die Hedwig und der Galle machen das
schöne Wetter alle.

21/28. Oktober: An Ursula das Kraut muss rein,
sonst schneien Simon und Juda d'rein. Wenn Simon
und Juda sind vorbei, dann ist der Weg zum Winter
frei. Es sitzen beide heil'gen Herrn am warmen
Kachelofen gern.

Minna sagt zu Alwine: »Nichts kann mehr vor
Raupen schützen als Oktoberreif in Pfützen.«
Minna, Alwine und Hermine sagen: »Im Oktober viel
Frost und Wind, ist der Winter wie ein Kind.**«**

*»Wenn das Jahr sich dem Ende neigt, der Bauer in die
Wanne steigt.«*

ES BLIES EIN JÄGER WOHL IN SEIN HORN

Es blies ein Jäger wohl in sein Horn, wohl in sein Horn. Und alles, was er blies, das war verlor'n, das war verlor'n.
Halia, Hussassa, Tirallala,
und alles, was er blies, das war verlor'n.

»Soll denn mein Blasen verloren sein? Viel lieber möchte ich kein Jäger sein!« *Halia ...*

Er warf sein Netz wohl über'n Strauch, da sprang ein schwarzbraunes Mädel heraus. *Halia ...*

»Ach, schwarzbraunes Mädel, entspring' mir nicht! Ich habe große Hunde, die holen dich!« *Halia ...*

(Volkslied aus »Des Knaben Wunderhorn«)

TRARA, DAS TÖNT WIE JAGDGESANG

Trara, das tönt wie Jagdgesang,
wie wilder und fröhlicher Hörnerklang,
wie Jagdgesang, wie Hörnerklang.
Trara, trara, trara!

(Volkslied)

ABEND WIRD ES WIEDER

Abend wird es wieder:
über Wald und Feld
säuselt Frieden nieder,
und es ruht die Welt.

(Text: Hoffmann von Fallersleben, Melodie: Christian Rinck)

REISIGBESEN, GUT ZUM FEGEN

Jule sitzt bei Oma in der Küche und schaut aus dem Fenster. Es ist ein Samstag im Oktober und auf der Straße ist wenig Betrieb.

»Beim Rathaus war eben was los!«, berichtet Jule aufgeregt.

»Hat jemand geheiratet?«, fragt Oma nach.

»Nein, nein!« Jule schüttelt den Kopf. »Aber viel Krach hat die große Clique gemacht, natürlich alle mit einer Bierflasche in der Hand. Da musste wohl jemand fegen! Auf jeden Fall habe ich Jürgen aus unserer Nachbarschaft erkannt – mit einem mit Bändern geschmückten Zylinder und einem großen Reisigbesen. Der Arme musste nicht nur das ausgestreute Sägemehl, sondern auch noch das abgefallene Laub zusammenfegen.«

Oh, dann ist der auch schon dreißig, denkt Oma. Diese Sitte, dass jemand an seinem dreißigsten Geburtstag auf einem großen Platz so lange fegen muss, bis ihn ein Mädchen mit einem Kuss erlöst, gab es früher nicht. Im Allgemeinen hat man nach dem Krieg auch früher geheiratet. Heute lassen sich die Paare damit viel Zeit, ziehen erst mal zusammen, bis sie sich vielleicht dann doch noch zur Heirat entschließen – oder auch nicht. Lebenspartner ohne Heirat, das gab es früher auf dem Lande nicht.

Jule unterbricht Oma in ihren Gedanken. »Warum nimmt man denn überhaupt heute noch einen Reisigbesen zum Fegen, Oma? Es gibt doch sicher andere Besen, die sauberer und leichter fegen, oder?«

Oma denkt nach. »Ich glaube, darauf kommt es bei diesem Treffen nicht an. Hauptsache, der Besen macht Eindruck, fegt raumgreifend und hat einen extra langen Stiel.«

Jule überlegt kurz, dann nickt sie. »Genau. Und der Besen ist auch noch umweltfreundlich und aus Naturmaterialien hergestellt.«

»Gut, dass du diese ökologische Seite immer mit bedenkst«, lobt Oma. »Weißt du, Jule ... nach dem Krieg – als es natürlich noch keine Kehrmaschinen und Laubsauger gab – wurden alle Außenarbeiten mit Reisigbesen verrichtet.«

»Okay, Oma. Aber diese Besen nutzen sich doch ab? Da brauchte man auf einem Bauernhof eine ganz große Menge im Jahr. Wo hat man die denn gekauft? Heute kostet so ein Besen bestimmt fünf bis zehn Euro, schätze ich mal.«

»Da magst du wohl recht haben, Jule. Nein, nein, kaufen konnte man die Besen nicht. Im Winter, wenn Außenarbeiten nicht möglich waren, wurde auf jedem Hof in der Scheune ein erheblicher Vorrat von Reisigbesen angelegt. Im Vorfeld wurden Reisigbündel meist von Birken im Moor, in der Heide oder am Straßenrand abgeschnitten. Dann wurden die Bündel getrocknet, auf eine Länge gekürzt und fest mit Draht umwickelt. Dazu brauchte man etwas Kraft, aber wenig Verstand ...«

»Hä, Oma? Wieso *wenig* Verstand?« Jule schaut Oma erstaunt an. Sie hinterfragt immer sofort alles, was ihr ungenau oder rätselhaft vorkommt.

Darum antwortet Oma auch direkt. »Also, Jule, das kann ich dir genau sagen: Wenn jemand nicht mit Weisheit gesegnet war, hieß es in der Schule oder bei der Arbeit schnell: ›Zum Besen binden und Hof fegen wird die Intelligenz wohl noch langen!‹«

Jule grinst verstohlen. »Oh ja, das kommt mir irgendwie bekannt vor. Solche Stories haben auch schon einige Mitschüler nach dem Praktikum erzählt. Sie wurden für die billigsten Arbeiten ausgenutzt – Brötchen holen und Hof fegen.«

»Das war sicher eine heilsame Erfahrung!«, lacht Oma. »Gerade für Gymnasiasten – so meine ich – ist es notwendig, körperlich zu arbeiten, einmal von dem hohen Ross runterzukommen, um mit dem Besen in der Hand ein paar Schwielen zu bekommen, die sich bei der ständigen Betätigung des Smartphones ja nicht einstellen«.

Jule kennt dieses Thema. »Kleiner Scherz, Oma?«, fragt sie augenzwinkernd zurück.

»Das ist mein voller Ernst, mein Fräulein. Übrigens, Besenfegen ist eine Kunst, die du gar nicht beherrschst.«

Jule ist baff. Sie ahmt spontan die Bewegung nach und schaut Oma erstaunt an. »Worin besteht denn diese Kunst? Da bin ich aber gespannt.«

Oma setzt sich und Jule auch.

»Da muss ich etwas weiter ausholen«, erklärt Oma. »Also, am Samstagnachmittag standen auf dem Hof in der Regel keine schweren Arbeiten an. Da wurde im Garten geharkt und die Hofeinfahrt gefegt.«

»Im Garten wurde doch sicher nur im Herbst das Laub geharkt, oder? Meinst du das?«, korrigiert Jule Oma.

»Nein, nein, der Garten war im Gegensatz zu heute in verschiedene Bereiche aufgeteilt, die durch Sandwege miteinander verbunden waren. Am Samstag wurden die Wege von Unkraut gesäubert und danach geharkt. Geharkte Gartenwege waren – wenn Besuch am Sonntag kam – die Visitenkarte einer guten Bäuerin.«

»Aber den Hof mussten dann hoffentlich die Männer fegen?« Jule ist wie immer für Gleichberechtigung.

»Stimmt, haben sie auch. Die Höfe waren damals in der Regel noch nicht gepflastert. Und jetzt komme ich auf die Kunst zurück: Besonders geschickte Leute fegten ein Zickzackmuster – eine Reihe nach rechts, eine Reihe nach links ...«

»Warte Oma, das muss ich mir mal eben vorstellen: links, rechts ... Oh, kann ich das draußen mal probieren? Ach, geht ja gar nicht. Keine Sandwege, alles zugepflastert, eigentlich schade.«

»Stimmt«, sagt Oma. »Auch so eine Umweltsünde, die wenig bedacht wird, selbst auf dem Friedhof. Um das Thema abzuschließen, Jule ... Ich denke sowieso, du würdest dich beim Gebrauch eines Reisigbesens in einer ganz anderen Kunst üben. Du würdest wahrscheinlich verschiedene Positionen ausprobieren ...«

»Genau. Verschiedene Muster würden mir bestimmt sofort einfallen.«

»Nein, das bezweifle ich gar nicht. Was ich eigentlich meine, ist: Du würdest wahrscheinlich ausprobieren, wie man sich besonders wirkungsvoll – oder sagen wir auch fotogen oder theatralisch – auf den Besen *stützt!*«

IHR BLÄTTER, WOLLT IHR TANZEN?

Auf unserem Hof standen viele dicke Eichen und Buchen. Wenn im Herbst endlich das Laub fiel, gab es für uns eine Menge Spaß, besonders, wenn dazu noch ein kräftiger Wind wehte …

Heute ist es sehr windig. Wir spielen draußen. Ich greife mir einen Arm voll Blätter, verfolge meine Schwester und versuche, die Packung auf ihr abzuladen.

Hui, da kommt der Wind dazwischen und ich bekomme die Blätter selbst ab. Macht nichts!

Jetzt wird meine Schwester noch einmal gejagt. O je, sie rutscht aus und bleibt liegen.

Wir eilen alle herbei und sehen, dass sie unverletzt ist. Schon wird sie mit Blättern zugedeckt. Aber komisch, nichts rührt sich unter dem Blätterhaufen.

Plötzlich fährt sie wie ein Pfeil in die Höhe und schreit: »Hu, hu!« Sie greift sich unseren Freund Siegfried, der jetzt zum Opfer wird.

Auch er muss so lange unter dem Laub liegen bleiben, bis kein Zipfel mehr von ihm zu sehen ist.

Aber da kommt schon wieder eine kleine Windböe und fegt Siegfrieds Blätterdecke weg. Macht nichts!

Ein neues Spiel beginnt. Jeder trägt so viele Blätter wie möglich zu einem Haufen zusammen.

Auf »Los« starten wir gemeinsam mit Anlauf und wirbeln unsere Laubhaufen mit den Füßen auseinander.

Das ist ein Gewusel und Gewimmel von Blättern und Staub, sodass man fast nichts mehr sieht.

Danach schauen wir uns an und prusten vor Lachen.

Ja, unsere Haare und unsere Kleidung sind voll von Blättern und Sand. Macht nichts!

Dieses tolle Spiel wiederholen wir einige Male, bis wir erschöpft eine Pause machen müssen.

Ich sitze auf dem Laubteppich und denke nach. In der Schule haben wir von den tanzenden Blättern gesprochen.

Es sieht ja auch wirklich herrlich aus, wenn der Wind die farbigen Blätter bei Sonnenschein aufwirbelt, die tanzenden Blätter sich dann noch einen Augenblick in der Luft vergnügen und dann wie kraftlos zu Boden sinken.

Ich sitze immer noch erschöpft auf dem Boden.

Nachdenklich hebe ich ein besonders schönes, farbiges Blatt vom Boden auf. Was dieses Blatt wohl in seinem kurzen Dasein schon alles erlebt hat, als kleiner Spross am Zweig, dann im Sommer am Baum mit vielen anderen Blättern bei Sonne, Wind und Gewitter?

Und jetzt ist dieses Blatt zum Vergehen bestimmt. Schade, so ein Kunstwerk! Ich halte es am Stiel fest und drehe es langsam in den Wind.

»Lass dich doch einmal vom Wind tragen. Gib noch nicht auf! Bleib nicht am Boden liegen! Mach dich auf eine letzte Reise, bevor der Regen dich zum Liegen zwingt. Tanze schnell weiter mit den anderen lustigen Gesellen!«

Ich werfe mein Blatt in den Wind und bald kann ich es nicht mehr verfolgen.

Es ist auf und davon. Macht nichts!

»Ihr Blätter, wollt ihr tanzen?«
so rief im Herbst der Wind.
»Ja, ja, wir wollen tanzen!
Ja, ja, wir wollen tanzen!
Komm, hol' uns nur geschwind!«

SPIELE UNTERWEGS

»Wie viele Personen sind denn mit zum Bowlingcenter nach Münster gefahren?«, fragt Oma Jule am Wochenbeginn. Sie selbst konnte wegen eines Infekts nicht mitfahren.

»Also, ich glaube ... nein, ich weiß es doch genau. Wir waren sechs. Ja sechs, mit Oma Irmgard und Opa Werner«, antwortet Jule.

Oma schaut Jule von der Seite an. »Und wie hast du die Autofahrt ohne Handy überstanden?«

»Kein Problem, Oma. Charleen wollte natürlich sofort ein Spiel spielen, als wir noch nicht mal auf der Autobahn waren.«

»Das kann ich mir denken«, versichert Oma. »Was habt ihr denn gespielt?«

»Was wir schon seit Ewigkeiten spielen. Die Spiele kennst du samt und sonders: ›Ich sehe was, was du nicht siehst‹. Aber das geht im Auto ja nur eingeschränkt, weil man dann schon etwas nehmen muss, was alle sehen können, nämlich am Armaturenbrett oder an den Personen vorne. Dieses öde Spiel war Gott sei Dank auch schnell zu Ende.

Danach haben wir ›Rucksackpacken‹ gespielt. Du weißt schon, das Spiel mit der Wörterkette, die immer länger wird.«

»Oh, das wäre mir schwer gefallen«, meint Oma. »Mehr als fünf Sachen könnte ich heute bestimmt nicht mehr behalten. Wer konnte sich dabei denn am besten konzentrieren?«

Jule denkt nach. »Ich glaube Luca. Auf jeden Fall jemand von uns Kindern. Oma Irmgard und Opa sind schnell ausgeschieden.«

Oma will es genau wissen. »Und was war euer Rekord? Ich meine, wie viele Gegenstände wurden bis zum Schluss in den Rucksack gepackt?«

Jule überlegt. »Na, so zehn bis zwölf. Aber es waren nicht nur Sachen, also Gegenstände, die genannt wurden. Vieles war zum Lachen. Fibi und Sally und Charleens Hamster wurden natürlich auch mit eingepackt. Außerdem Nacktmulle, meine Lieblingstiere, und Lebensmittel wie Nutella und saure Gurken.«

»Ich hätte noch deine fleischfressenden Pflanzen dazugetan.« Oma lacht. »Und auf dem Rückweg war Funkstille?«, fragt sie dann.

»Nein, keineswegs. Ach, das war richtig gut. Da haben wir ›Teekesselchen‹ gespielt.«

Oma will wieder alles genau wissen. »Und Jule, kannst du dich noch an gleichklingende Wortpaare erinnern, die ich noch nicht kenne?«

»Also, manche Paare waren sehr leicht zu finden«, meint Jule, »wie Birne, also Obst, und Lampe, Bank, Parkbank und Sparkasse. Aber bei Papas und Thorstens Teekesselchen mussten wir lange raten: Pils und Pilz. Gemeint waren der Pilz mit z und das Pils mit s. Mama und Luca hatten auch noch ein ähnliches Teekesselchen: Blume.« Jule hält inne. »So Oma, da hast du mir jetzt fast das Hemd vom Leib gefragt, jetzt bist du mal dran. Welche andere Wortbedeutung fällt dir bei Blume ein? Das kannst du leicht erraten!«

Oma denkt nach und schüttelt den Kopf. »Da fällt mir keine zweite Bedeutung ein.«

Jule gibt einen Lösungsansatz vor. »Das hat auch etwas mit einem Getränk zu tun.«

Oma denkt angestrengt nach, kommt aber nicht drauf. Schon hat sie ihr iPad in der Hand und googelt Blume.

Jule protestiert. »Stopp, Oma! Googeln, das kann jeder. Das gilt nicht. Die Lösung ist: Blume als Schaumkrone vom Bier.«

Das hat Oma jetzt auch schon gefunden. »Hier stehen aber noch drei weitere Bedeutungen«, sagt sie. »Blume: Hüftstück der Rindskeule, Spitze des Fuchsschwanzes und Duft des Weines. Man lernt doch nie aus.«

WENN DUMMHEIT LACHT, SCHWEIGT INTELLIGENZ

Ein Jäger sagt zum andern: »Ich habe einen sonderbaren Hund. Immer wenn ich daneben ziele, wirft er sich auf den Boden, streckt die Beine in die Luft und freut sich.«

»Und was macht er, wenn du triffst?«

»Das weiß ich nicht, ich habe ihn erst zwei Jahre.«

»Bei der letzten Treibjagd habe ich einen Hirsch, zwei Hasen, ein Wildschwein und drei Nichtmichs geschossen.«

»Was sind denn ›Nichtmichs‹?«

»Das sind diejenigen, die aufrecht gehen, mit den Vorderpfoten winken und immer brüllen: ›Nicht mich! Nicht mich!‹«

AUF GEHT'S IN DEN NOVEMBER

Mit dem Gebet einer kleinen Maus

Die kleine Maus hegt keinen Groll auf die Welt.
Sie hat ein großes, einfaches Herz und sagt Gott
»Dios mio« alles, was sie bewegt – das Heitere und
das Traurige.

Dios mio!
Ich laufe
zu den verwehten Blättern.
Es tut ihnen weh,
wenn sie vom Baum fallen.
Aber ich versuche, sie zu trösten.

Dios mio,
heile sie,
bevor der Winter kommt.

(M. Angela Toigo, Gebete einer Maus, Herder 1982)

NOVEMBER

NOVEMBER

Solchen Monat muss man loben,
Keiner kann wie dieser toben,
Keiner so verdrießlich sein
Und so ohne Sonnenschein!
Keiner so in Wolken maulen,
Keiner so mit Sturmwind graulen!
Und wie nass er alles macht!
Ja, es ist 'ne wahre Pracht!

Seht das schöne Schlackerwetter!
Und die armen welken Blätter,
Wie sie tanzen in dem Wind
Und so ganz verloren sind …

(Heinrich Seidel)

Der Sommer, der vergeht, ist wie ein Freund, der uns
Lebewohl sagt.
(Viktor Hugo)

Alles, was schön ist, bleibt auch schön, auch wenn es
welkt. Unsere Liebe bleibt Liebe.
(Maxim Gorki)

Ein Abschied verleitet immer dazu, etwas zu sagen,
was man sonst nicht gesagt hätte.
(Michel de Montaigne)

Die Erinnerung ist das einzige Paradies, aus dem wir
nicht vertrieben werden können.
(Jean Paul)

Das kostbarste Vermächtnis eines Menschen ist die
Spur, die seine Liebe in unseren Herzen
zurückgelassen hat.
(Irmgard Erath)

Der November wird auch Windmond oder Nebelmonat genannt. Er gilt als Monat der Besinnung und des Gedenkens.

1. November: Allerheiligen bringt Sommer für alte Weiber, der ist des Sommers letzter Vertreiber.
11. November: Martini kommt nach alten Sitten meist auf weißem Schimmel geritten.
30. November: Andreas' Schnee tut Korn und Weizen weh.

Ludwig sagt zu Mathilde: »Bringt der November Morgenrot, der Aussaat viel Regen droht.«
Mathilde sagt zu Alfred: »Novemberwasser auf die Wiesen, dann wird das Gras im Lenze sprießen.«
Alfred und Marlies sagen: »Novembernass bringt jedem was.«

»Ist der Bauer nicht auf dem Feld, sitzt er zu Hause und zählt sein Geld.«

DER MOND IST AUF GEGANGEN

Der Mond ist aufgegangen,
die gold'nen Sternlein prangen
am Himmel hell und klar.
Der Wald steht schwarz und schweiget
und aus den Wiesen steiget
der weiße Nebel wunderbar.

Wie ist die Welt so stille
und in der Dämm'rung Hülle
so traulich und so hold,
als eine stille Kammer,
wo ihr des Tages Jammer
verschlafen und vergessen sollt.

(Text: Matthias Claudius, Musik: J.A.P. Schulz)

ABENDS, WENN ICH SCHLAFEN GEH

Abends, wenn ich schlafen geh,
Vierzehn Englein um mich steh'n.
Zwei zu meiner Häupten
Zwei zu meinen Füßen,
Zwei zu meiner Rechten,
Zwei zu meiner Linken,
Zweie, die mich decken,
Zweie, die mich wecken,
Zweie, die mich weisen
Zu Himmels Paradeisen.

Schlafe ein, mein liebes Kind!
Deine Englein bei dir sind:
Zwei …

(Text: aus »Des Knaben Wunderhorn«, Musik: Engelbert
Humperdinck)

WER DEN PFENNIG NICHT EHRT...

»Na, Jule, wie steht es mit deinen Wünschen?«, fragt Oma Jule fünf Wochen vor Weihnachten.

Jule blickt etwas abwesend von dem Fantasybuch auf, das sie gerade liest. »Meinst du, ob ich mir selber noch den zweiten Band leisten kann?«, fragt sie und schaut Oma orientierungslos an. Sie ist wohl noch ganz in Gedanken bei ihrem Buch.

»Das auch«, erwidert Oma. »Aber eigentlich wollte ich dich fragen, was du dir zu Weihnachten wünschst. Möchtest du dir selbst etwas kaufen? Dann gebe ich dir das Geld dazu.«

Jule schließt das Buch, legt es auf den Tisch und wendet sich Oma ganz zu. »Also, Oma, über Wünsche zu Weihnachten habe ich mir noch keine Gedanken gemacht, ich habe ja alles. Obwohl ...« Jule hält kurz inne. »Überraschungen finde ich immer noch toll, besser als Geld.«

Oma freut sich, dass Jule so denkt und in Omas Kopf arbeiten die grauen Zellen schon eifrig. Die Palette der Möglichkeiten reicht von Kosmetikartikeln bis zu seltenen Pflanzen. Im letzten Jahr hat Oma Samen einer mediterranen Pflanze aus Mallorca mitgebracht, und Jule hat die Keimlinge erfolgreich in ihrem Zimmer aufgezogen.

»Aber über Bücher freue ich mich am meisten«, unterbricht Jule Omas Gedanken.

Oma und Jule sind sich in diesem Punkt völlig einig. Lesen ist die schönste Freizeitbeschäftigung. Beide besitzen viele Bücher und lieben schöne Sonderausgaben, die aufwendig gestaltet sind. Jule hat sich in diesem Zusammenhang einmal wie folgt geäußert: »Wenn ich sehe, dass jemand kein Lesezeichen benutzt, sondern einfach ein Eselsohr abknickt, damit er die entsprechende Seite wiederfindet, tut mir das in der Seele weh! Irgendwie macht mich das richtig wütend!«

Oma kennt das Gefühl. Als Lehrerin hat sie in der Schule auch immer so reagiert, wenn jemand zum Beispiel ein Buch auf den Tisch knallte oder mit einem Buch unvorsichtig umging. Dann nahm Oma das malträtierte Buch selbst in die Hand und sprach: »Ach, du armes Buch. Da hat dir aber jemand sehr weh getan. Komm zu mir. Ich streichle dich, mache dich wieder glatt, bist doch mein liebes Buch!«

Das wirkte immer Wunder bei den Schülern, wenn man ein Buch wie einen Freund behandelte. Aber zurück zu Jules Geschenken.

»Eine Geldspende war dir beim Geburtstag ja immer sicher, aber bald vielleicht nicht mehr«, meint Oma.

»Wie, was meinst du, Oma?«, fragt Jule ganz verdattert. Augenscheinlich ist sie in Gedanken schon wieder in ihr Buch gewandert. »Warte, warte, da komm ich selber drauf, nicht verraten.« Jule lässt den Geburtstagsablauf vor ihrem inneren Auge passieren. Sie stellt sich die Rituale vor. Jetzt kommt gerade Opa Werner herein. Was hat er an jedem Geburtstag seiner drei Enkelinnen in der Hand?

»Jetzt hab ich's, Omi«, sagt Jule verschmitzt und tätschelt Omas Arm. »Ja, ich hab's. Es ist das Sparschwein mit den kleinen Münzen, die Opa Werner immer im Laufe des Jahres sammelt, voller Ein, Zwei und Fünf-Cent-Münzen. Da kommen immer etliche Euro zusammen, wenn alle Familienmitglieder mitmachen.«

»Genau. Aber darauf wirst du wohl vom nächsten Jahr an verzichten müssen, wenn in der EU die kleinen Münzen abgeschafft werden.«

»Echt? Davon hab ich noch nichts gehört, warum das denn?«

»Ich glaube aus wirtschaftlichen Gründen. Die kleinen Münzen sind in der Herstellung wohl teurer als ihr Wert, und der Umgang damit kostet auch viel Zeit und damit auch Geld. Es wird dann eben ab- oder aufgerundet.«

»Also, wenn das in der EU so beschlossen wird, dann bin ich auch für den Brexit. – Nein, Brexit kann das ja nicht heißen. Ich bin dann für den Dexit oder für den Gexit, du weißt schon, wegen Germany. Oh, wie schade um meine zuverlässige Geldquelle! Kann die EU denn nicht was Besseres beschließen«, lamentiert Jule bewusst theatralisch. »Da muss ich mich doch glatt hinsetzen.«

Was sie dann auch macht.

Oma muss lachen.

»Und außerdem ...« Jule holt ihr Portemonnaie aus dem Rucksack, der auf dem Fußboden liegt und fährt in normalem Ton fort. »Hier Oma, hier sind ein Euro und ein Cent. Was wird nun aus deinem viel zitierten Sprichwort: ›Wer den Pfennig nicht ehrt, ist des Talers nicht wert‹. Sparen ist jetzt out?«

Oma seufzt. »Weißt du Jule, vor über hundert Jahren gab es – soviel ich weiß – noch Münzen von viel geringerem Wert. Da rechnete man noch mit dem Heller, der einen halben Pfennig wert war.«

Jule staunt, hat aber schon das iPad in der Hand. »So, Oma, eine tolle Rechenaufgabe. Hier steht: ›Acht Heller entsprechen vier Kreuzer und vier Kreuzer sind ein Batzen oder ungefähr vierzig Pfennig gleich zwanzig Cent‹. Mussten die Leute früher gut im Kopfrechnen sein«, sinniert sie.

»Waren sie auch«, wirft Oma ein. »Sie hatten ja auch keine Taschenrechner so wie du.«

Jule überhört bewusst diese Bemerkung und fährt fort: »Batzen‹, ›Batzen‹. Ein schönes Wort. Ein Batzen Geld, ein Batzen Gold. Gold, das wäre toll.«

Gerade kommt Opa herein. Er nimmt das Stichwort »Batzen« sofort auf und fängt an zu singen: »»Ein Heller und ein Batzen, die waren beide mein, ja mein. Der Heller ward zu Wasser, der Batzen ward zu Wein, ja, Wein.‹«

»Stopp, Opa, warte mal«, unterbricht ihn Oma. »Ein Batzen ist gleich vierzig Pfennig oder zwanzig Cent. Mit zwanzig Cent kämst du aber heute in keinem Lokal mehr aus. Da müsstest du für Wasser und Wein schon einen echten Schein zücken, nicht wahr?«

»Nicht, wenn ich bei Heini Schomaker bestelle«, kontert Opa. »Da kann man wegen Corona nur mit Kreditkarte bezahlen.«

EINE D-MARK UND ZWANZIG PFENNIG

Die Herbstkirmes war für uns Kinder immer ein Höhepunkt in der Kindheit, auch wenn es im November oft schon recht kühl war.

Zwei bis drei Stunden durften wir auf dem Kirmesplatz verbringen, auf dem sich eine Süßigkeitenbude, eine Schießbude und ein klassisches Kinderkarussell mit Holzpferden befanden.

Wir – das waren die Schulkinder aus zwei Ortschaften, die dort auf dem Platz vor der Kirche zusammenkamen …

Am frühen Nachmittag ist es noch recht mild, als ich mit meinen Schwestern nach drei Kilometern Fußweg dort ankomme.

Ich rieche die gebrannten Mandeln und höre die Glocke, die eine neue Karussellrunde einläutet.

Ja, das ist Kirmes, wie ich sie kenne. Spontan greife nach meiner kleinen Geldbörse, die ich um den Hals trage und befühle den Inhalt.

Eine D-Mark und zwanzig Pfennig! Was für ein Schatz. Ich darf das ganze Geld ausgeben. Ich kann es nicht fassen. Nur für mich!

Jetzt heißt es, den Betrag sinnvoll einteilen, nichts überstürzen.

Das Karussell scheidet aus – oder soll ich doch wenigstens eine Fahrt für zwanzig Pfennig wagen?

Ich weiß nicht. Meistens bekomme ich dabei Kopfschmerzen und mir ist dann lange schwindelig.

Nein, dafür gebe ich kein Geld aus. Schießbude?

Wer wird schon einer Neunjährigen eine Blume schießen? Kein Verehrer in Sicht.

Mein Interesse gilt einzig und allein dem langen Wagen, der mit Süßigkeiten bestückt ist.

Bonbons jeder Art, lose oder abgepackt, also auch stückweise zum Verkauf gedacht, Zuckerstangen, Zuckerwatte, Lebkuchenherzen ...

Das Schlaraffenland der süßen Kostbarkeiten in seiner ganzen Breite.

»Na, was darf's denn sein?«, fragt eine freundliche Stimme.

Ich erschrecke und stottere: »Ei ... ne, eine Zucker-stange!«

»Eine lange oder eine kurze?«

»Eine lange.«

»Bitte sehr, macht zwanzig Pfennig.«

Eine freundliche junge Frau reicht mir die Zucker-stange. Jetzt ist der Anfang gemacht.

Danach stelle ich mich mitten auf den Kirmesplatz und beobachte das Geschehen um mich herum.

Vor allen Dingen genieße ich die süße Stange.

Im Laufe des Nachmittags vermindert sich mein Vermögen.

Ich zähle nach. »Nur noch zwanzig Pfennig. Soll ich Mutter nicht doch ein paar gebrannte Mandeln mit-bringen? Hat der Pastor uns nicht gebeten, etwas Geld für die Missionierung der ›Heidenkinder‹ in den Opferkasten der Kirche zu geben?«

Ich bin hin- und hergerissen.

»Noch einmal Sahnebonbons für zwanzig Pfennig!«
Jetzt ist es raus.

Ich brauche ja schließlich etwas Verpflegung für den langen Nachhauseweg.

GESELLSCHAFTSSPIELE

Jule und Charleen haben einen großen Teil ihrer Spielsachen auf dem Flohmarkt der Herbstkirmes verkauft. In den Regalen befinden sich aber noch eine Menge von Gesellschaftsspielen. Oma nimmt eine Spielesammlung heraus, die anscheinend noch ziemlich neu ist. Sie schaut hinein und fragt Charleen: »Sag mal, habt ihr dieses Spiel – ich meine ›Mensch, ärgere dich nicht‹ – gar nicht gespielt?«

Charleen schaut auf das Spiel und denkt einen Moment nach. »Das weiß ich gar nicht mehr, Oma. Ich habe ja alle Spiele von Luca und Jule geerbt und dann selbst noch neue bekommen. Hier, Oma – erinnerst du dich noch an ›Das kleine Gespenst‹ oder den ›Rechenkapitän‹?« Charleen hat die beiden Kästen aus dem Regal genommen.

Oma erinnert sich noch genau. Sie hat diese Spiele gefühlt tausendmal mit Charleen gespielt. Oma seufzt. »Wir hatten früher nur ein einziges ›Mensch, ärgere dich nicht‹-Spiel, das wir besonders um Weihnachten herum sehr gerne gespielt haben.«

»Warum das denn?«, fragt Charleen erstaunt. »Warum nur zu dieser Zeit?« Dann überlegt sie und gibt sich selbst die Antwort. »Klar, dann hatten die Erwachsenen auch endlich mal Zeit für euch. Und? Hat das Spaß gemacht?« Charleen stellt die beiden Spiele zurück.

»Ja, das hat es«, sagt Oma. »Denn die Erwachsenen spielten sonst nie mit uns. Weißt du, ich kann mich noch genau erinnern, wer *wie* spielte – ich meine, welche Taktik die Einzelnen hatten. Mutter kannte keine Gnade, wenn ihr ein Spielstein im Weg stand, ganz egal, wem er gehörte. Aber die Tante hat immer vermieden, meine jüngste Schwester vom Feld zu werfen. Wenn sie zwei Figuren im Rennen hatte, konnte sie das ja vermeiden.«

»Das kenne ich«, sagt Charleen. »Jule hat mich auch ab und zu gewinnen lassen, als ich kleiner war. Aber ich glaube, ich habe das Verlieren doch wohl sehr schnell gelernt, sonst hätte ich nämlich überhaupt nicht mit den Großen mitspielen dürfen. Und wenn Papa mitmacht, ist es immer besonders spannend.«

Oma setzt sich. »Ich weiß, Charleen, da denke ich gerade an die Kartenspiele im Urlaub. Dein Papa möchte immer um jeden Preis gewinnen, aber dein Onkel Andy auch! Weißt du noch, wie es beim letzten Jahr an Weihnachten war? Da haben wir doch ›Just one‹ gespielt.«

Charleen schaut schnell im Regal nach. »Ja, das war toll, Oma. Ich erinnere mich. Hier ist das Spiel.« Charleen zieht es aus dem Regal. »Gott sei Dank! Ich dachte schon gerade, ich hätte es auch verscheuert.«

Oma freut sich, denn sie hatte das neue Spiel zu Weihnachten angeschafft. Bei diesem kurzweiligen und so einfachen Spiel – ein Durchgang dauert immer nur ungefähr zwanzig Minuten – spielen im Grunde alle Spieler zusammen. Sie müssen sich aber in die anderen Spieler hineinversetzen, gut überlegen, wie diese wohl vorgehen und welche Wörter sie wahrscheinlich gebrauchen werden.

»Schade, dass wir zwei das nicht allein spielen können, Oma«, meint Charleen. Aber dann hat sie sich schon zwei andere Spiele aus dem Regal geholt. »Du hast doch sicher noch etwas Zeit, nicht wahr? Was willst du lieber spielen: Memory oder Mikado?«

Bloß nicht Memory, denkt Oma, *bei meinem Gedächtnis.*

Also sagt sie laut: »Dann Mikado – aber ohne schummeln!«

WER ZULETZT LACHT ...

Herr Müller macht Urlaub in Schottland: »Was halten Sie von Schottenwitzen?«
Antwortet der Schotte: »Damit sollte man sehr, sehr sparsam umgehen.«

Ein Schotte besucht seinen Freund, der gerade dabei ist, die Tapeten abzuziehen.
»Na, fleißig am Renovieren?«
»Nein, wir ziehen um.«

Warum stellen Schwaben immer eine leere Flasche in den Kühlschrank?
Es könnte ja sein, dass einer kommt, der keinen Durst hat.

Was macht ein Schwabe am vierten Advent?
Er setzt sich mit zwei Kerzen vor den Spiegel.

AUF GEHT'S IN DEN DEZEMBER

Backen Sie doch einmal Plätzchen der besonderen Art! (auch für Männer!)

*Schwierigkeitsgrad: leicht
*Zeitaufwand: unterschiedlich, je nach Naturell
*Zutaten:
- je zwei Tassen Interesse, Freundlichkeit, Verständnis und Geduld
- sechs Esslöffel Zärtlichkeit
- und 215 Gramm Lachen
*Zubereitung:
- Verstand einschalten, Herz gut vorheizen, Interesse mit Freundlichkeit ausgiebig vermischen, Verständnis und Geduld unterheben und mit Zärtlichkeit abschmecken
*Backen bei Sonnenschein, Regen, Schnee oder Frost
*Dauer nach Belieben
*Zum Schluss mit Zuckerguss aus Lachen und Kichererbsen verzieren
*Täglich in großen oder kleinen Portionen servieren, (nicht nur in der Adventszeit), solange die Kraft reicht.

DEZEMBER

KNECHT RUPRECHT

Von drauß' vom Walde komm ich her;
ich muss euch sagen, es weihnachtet sehr!
Allüberall auf den Tannenspitzen
sah ich goldene Lichtlein sitzen;
und droben aus dem Himmelstor
sah mit großen Augen das Christkind hervor.
Und wie ich so strolcht durch den finsteren Tann,
da rief's mich mit heller Stimme an:
»Knecht Ruprecht«, rief es, »alter Gesell,
hebe die Beine und spute dich schnell!
Die Kerzen fangen zu brennen an,
das Himmelstor ist aufgetan.
Alt' und Junge sollen nun
von der Jagd des Lebens einmal ruh'n;
und morgen flieg ich hinab zur Erden,
denn es soll wieder Weihnachten werden ...

(Theodor Storm)

Das Schönste am Schenken ist das Leuchten in den
Augen des Beschenkten.
(aus Russland)

Kleine Geschenke erhalten die Freundschaft.
(aus Deutschland)

Wer mich beschenkt, lehrt mich zu schenken.
(aus Dänemark)

Eine kleine Gabe, zur rechten Zeit geschenkt, kann
sehr wertvoll sein.
(Meander)

Der Edle schaut auf die Gesinnung des
Schenkenden, nicht auf den Wert der Gabe.
(Plutarch)

Ein Onkel, der Gutes mitbringt, ist besser als eine
Tante, die Klavier spielt.
(Wilhelm Busch)

Der Dezember wird auch Christmond oder Julmond
genannt.

4. Dezember: Knospen an St. Barbara, sind zum
Christkind Blüten da.
6. Dezember: Trockener Nikolaus – milder Winter
rund um's Haus.
24. Dezember: Christnacht hell und klar, deutet auf
ein gutes Jahr.

Alwin sagt zu Alois: »Dezember kalt mit Schnee, tut
Ungeziefer weh.«
Alois sagt zu Christa: »Donnert's im Dezember gar,
kommt viel Wind im nächsten Jahr.«
Maria sagt das ganze Jahr: »Abendrot-Gutwetterbot'.«
August klagt das ganze Jahr: »Morgenrot, schlecht
Wetter droht.«

*»Du, Hahn, kräh weiter auf dem Mist, dann bleibt das
Wetter, wie es ist.«*

ES IST FÜR UNS EINE ZEIT ANGEKOMMEN

Es ist für uns eine Zeit angekommen,
die bringt uns eine große Freud.
Über's sternbeglänzte Feld wandern wir,
wandern wir durch die weite, weiße Welt.

Es schlafen Bächlein und See unter'm Eise,
es träumt der Wald einen tiefen Traum.
Durch den Schnee, der leise fällt, wandern wir,
wandern wir durch die weite, weiße Welt.

Vom hohen Himmel ein leuchtendes Schweigen
erfüllt die Herzen mit Seligkeit.
Unter'm sternbeglänzten Zelt wandern wir,
wandern wir durch die weite weiße Welt.

(Lied der Sterndreher aus der Schweiz)

WEIHNACHTSSPRUCH

Am Weihnachtsbaum die Lichter brennen,
wie glänzt er festlich, lieb und mild.
Als spräch er: »Wollt in mir erkennen
getreuer Hoffnung stilles Bild.«

Die Kinder steh'n mit hellen Blicken,
das Auge lacht, es lacht das Herz.
Oh fröhlich', seliges Entzücken!
Die Alten schauen himmelwärts.

Zwei Engel sind hereingetreten,
kein Auge hat sie kommen seh'n.
Sie geh'n zum Weihnachtstisch und beten
und wenden wieder sich und geh'n:

»Gesegnet seid ihr alten Leute,
gesegnet sei du, kleine Schar! ...

(aus Thüringen)

KARTEN SCHREIBEN

»Oma, was machst du gerade? Oh, du schreibst noch Weihnachtskarten oder besser gesagt Weihnachtsbriefe?« Jule steckt erstaunt den Kopf zur Tür hinein. Sie ist gekommen, um den Tannenbaum zu schmücken. »Aber Karten schreiben ist doch schon lange out«, fügt sie hinzu. »Du hast doch ein Tablet und ein Smartphone und WhatsApp. Da kannst du doch viel schneller Nachrichten durchgeben und bekommen, und es kostet nichts.«

»Wenn es nur um Nachrichten geht, gebe ich dir recht«, meint Oma und hält einen Moment inne.

»Um was geht es denn sonst?« Jule blickt nachdenklich auf den kleinen Stapel von Karten, den Oma anscheinend schon bekommen hat. »Schöne Karten, darf ich sie mal ansehen?«, fragt sie vorsichtig.

Oma nickt. »Du kannst sie auch ruhig lesen, es stehen keine großen Geheimnisse drin.«

Jule hebt eine der Karten auf. Hinter einem ausgeschnittenen Stern ist eine in Kreuzstich angefertigte Kerze auf weißem Untergrund zu sehen. »Diese Karte ist ja besonders schön«, meint Jule, »und dazu noch Handarbeit. Wer kann denn so was Feines sticken? Das hat sicher ganz schön lange gedauert.« Vorsichtig fährt sie mit dem Finger über die Muster. »Und wer schenkt dir so was?«

»Genau das ist der Punkt, Jule. Die Weihnachtsgrüße sind ein Geschenk für mich. Jemand hat an mich gedacht. Das freut mich umso mehr, je älter ich werde.« Oma deutet auf die Karte, die Jule in der Hand hält. »Dieser Gruß stammt von einer ehemaligen Kollegin, mit der ich immer noch Kontakt habe und die ich sehr schätze.«

Jule überlegt. »Wie lange bist du jetzt schon in Rente, Oma? Zehn Jahre?«

Oma schmunzelt. »Zehn Jahre sind sicher für dich schon eine sehr, sehr lange Zeit. Nein, nicht zehn Jahre, in Wirklichkeit sind es schon fünfzehn Jahre.«

Jule staunt und mustert Oma: »Und so lange hält die Freundschaft? Da hat die Karte ja einen hohen Stellenwert. Deine ehemalige Kollegin hat sicher beim Sticken ganz oft an dich gedacht – oder an die Erlebnisse und die Zeiten, als ihr zusammen wart. Oma, jetzt verstehe ich besser, was es bedeutet, jemandem eine Karte zu schreiben. Solch eine schöne Karte kann man immer wieder in die Hand nehmen und neu ansehen. Eine SMS liest man meistens nur einmal oder drückt sie sofort weg. Der Vorteil ist natürlich, dass man kein Porto zahlt und die Nachricht schnell übermittelt wird. Aber etwas Schönes zum Anfassen bekommt man bei einer digitalen Nachricht nicht.

Oma nickt. »Genauso ist es. So, dann will ich mal weitermachen.«

Jule erhebt sich und will zur Tür hinaus. »Ich auch, Oma. Du kannst ja gleich einmal gucken, ob der geschmückte Baum dir gefällt! Ich habe mir nämlich eine neue Variante überlegt.«

»Da bin ich aber gespannt«, sagt Oma. »Ach, warte Jule, wir sprachen ja eben vom Porto. Da muss ich dir noch was erzählen. Wusstest du, dass nach dem Krieg das Porto für eine Karte nur zehn oder fünfzehn Pfennig betrug?«

Jule bleibt verdutzt stehen. »Wie bitte? So wenig? Und wieso zehn *oder* fünfzehn Pfennig? Konnte man da etwa wählen?«

»Nein, nein. Na ja ... irgendwie doch. Wenn man zum Beispiel etwas Kurzes geschrieben hatte, wie ›Es grüßt Fam. Müller«, dann war die Karte billiger. Schrieb man aber etwas Längeres wie ›Wir wünschen euch frohe Weihnachten und ein gutes neues Jahr!‹, dann musste man tiefer in die Tasche greifen. Ja, so war das. Man musste sich eben genau überlegen, wie viele Worte man jemandem zudachte. Du kannst ja nachher mal in Opas Briefmarkenalbum nachschauen, welche Preisklassen es bei den Briefmarken damals gab.«

Jule beginnt lauthals zu lachen und kriegt sich kaum wieder ein. »Oma, ich will dir diese Story mal glauben, weil du ja eigentlich nicht spinnst. Aber normalerweise klingt das echt irre.«

Und dann ist sie endgültig verschwunden. Oma hört nur noch, wie sie zu sich sagt: »Mann, hatte der Postbeamte aber viele Wörter zu zählen und zu lesen! Von wegen ›Briefgeheimnis‹ ...«

DER FAULE ESEL

»Der faule Esel« kommt nicht nur im Märchen von den Bremer Stadtmusikanten vor.

Nein, nein, wer an Silvester als letzter aus dem Bett kommt, ist für einen Tag, den letzten Tag im Jahr, der faule Esel ...

Am Abend vorher im Bett überlege ich. Wer wird es wohl diesmal sein?

Meine ältere Schwester Irmgard bestimmt nicht.

Dann eher meine jüngere Schwester Hedwig.

Verdient hätte sie es.

Immer wird sie bevorzugt. Sie ist ja so zart und dünn.

Immer bekommt sie das beste Essen.

Sie braucht nichts zu tun.

Nicht einmal das Besteck auf den Tisch legen.

Dabei ist das doch keine schwere Arbeit.

Ja, so steigere ich mich in meine Eifersucht hinein.

Soll ich – um des lieben Friedens willen – als Letzte aus dem Bett steigen und den Spott auf mich nehmen?

»Der Klügere gibt nach.« Das ist Mutters Lieblingsspruch.

Aber in diesem Fall bin ich die Dumme, die ausgelacht wird.

Und dann ist er da, der letzte Tag im Jahr!

Am Silvestermorgen bemerke ich, wie meine Schwester Irmgard vorsichtig aus dem Bett krabbelt.

Schon bin ich auch aus den Federn.

Und schon stehen wir beide vor dem Bett von Hedwig und rufen: »Fauler Esel, fauler Esel!«

Hedwig reibt sich die Augen und schaut uns an.

Wir rufen noch einmal schadenfroh: »Fauler Esel, fauler Esel!«

Jetzt hat sie begriffen, worum es geht.

Prompt fängt sie an zu heulen, nein – sie fängt zu schreien an.

Mutter und Tante stürzen in das Schlafzimmer.

»Was habt ihr mit Hedwig gemacht?«, fragt die Tante. »Ihr Großen solltet euch schämen!«

»Nichts! Sie ist nur der faule Esel«, antworten wir siegessicher.

»Das ist sie nicht«, meint Mutter ganz entspannt. »Der faule Esel liegt noch in seiner Kammer. Er hat gestern wohl einen über den Durst getrunken.«

Damit meint sie unseren landwirtschaftlichen Gehilfen.

Eigentlich schade, dass wir ihm beim Mittagessen nicht »Fauler Esel! Fauler Esel!« zurufen dürfen.

Er versteht überhaupt keinen Spaß.

Also essen wir schweigend.

Die Gedanken sind frei heißt es ja in einem bekannten Lied.

SPIELE – FRÜHER UND HEUTE

Jule kommt in der Woche vor Weihnachten am Nachmittag in Omas Zimmer und strahlt.

»Hi, Oma. Du ahnst nicht, welches Thema wir heute als Erörterung bearbeiten mussten: ›Spiele früher und heute‹. Da war ich ja gut informiert, weil wir uns schon so oft über Kinderspiele früher unterhalten haben. Und wir haben ja auch festgestellt, dass sich zum Beispiel Kreis- und Bewegungsspiele über Generationen weitertragen. Meine Kindheit ist ja durch Technik, Elektronik und Wohlstand geprägt – so habe ich mich wenigstens in meiner Erörterung ausgedrückt. Gut nicht?«, fügt Jule an. Sie linst über Omas Schulter. Oma spielt gerade eine Partie Solitär an ihrem PC, um sich zu entspannen.

»Also früher gab es ja keine technischen Spiele, oder, Oma?«, fragt Jule. »Mit welchen Sachen, meine ich, habt ihr denn gespielt – wenn wir mal den Ball, den Puppenwagen und die Puppenkleider außen vorlassen?«

Oma schließt das Spiel, schaltet den PC aus und setzt sich in ihren Lesesessel. »Ja, Jule, darauf will ich dir gerne antworten. Oder besser – du kannst es auch selbst herausfinden. Ich kann dich an Erfahrungen erinnern, die du selbst gemacht hast. Erinnerst du dich noch an einen Nachmittag in einem warmen Sommer, als ihr drei Schwestern bei uns auf der Terrasse ›Eis -Café‹ gespielt habt?«

Jule nickt. »O ja, das weiß ich noch ... Ich glaube, da war ich gerade im zweiten Schuljahr. Ich sollte nämlich die Bestellkarte für das Café schreiben, wusste aber nicht, wie die verschiedenen Eissorten buchstabiert werden: Stracciatella, Melone, Cookies und so weiter. Das hat mich fast zur Verzweiflung gebracht. Du weißt, ich mache nicht gerne Rechtschreibfehler. Luca war das egal. Sie hat gesagt: ›Das merken die Kunden‹ – damit meinte sie dich und Opa – ›doch gar nicht.‹ Aber mir war das nicht egal, das weiß ich noch genau.«

Oma erinnert sich auch noch an diese Szene und fragt weiter: »Weißt du denn noch, was ihr für die

Zubereitung der Eissorten und Getränke gebraucht habt?«

»O ja, damals hattet ihr ja noch den Sandkasten. Dann haben wir sicher so ungefähr alles benutzt, was im Sandkasten so rumlag. Also: die Förmchen, natürlich Sand, Wasser und alle möglichen Zutaten aus dem Garten – Gras, Blütenblätter, Laub und Steinchen. Die Vorbereitung allein war schon so spannend, dass ich dieses Spiel deswegen wohl nicht vergessen habe und ich weiß, dass wir es mit anderen Kindern in der Siedlung auch noch oft nachgespielt haben.«

»Siehst du, Jule, genau das meine ich«, sagt Oma. »Es macht doch immer Spaß, wenn man die Fantasie einschalten kann und etwas Kreatives dabei rauskommt. So ging es uns früher nämlich auch. Und deshalb brauchten wir auch keine angefertigten oder gekauften Spielsachen. Wir konnten zu jeder Jahreszeit etwas Neues in der Natur entdecken und ein Spiel daraus machen. Zudem hatten wir ein riesiges Gebiet zum Herumstreifen. Wiesen, Heide, Moor, Hecken, Zäune und kleine Wäldchen – und wir wurden nicht kontrolliert, weil die Erwachsenen kaum Zeit für uns hatten.

Spielten wir am Haus im Sandkasten, fand alles Verwendung, was die Erwachsenen weggeworfen hatten. Zum Beispiel leere Dosen, Töpfe oder Porzellanscherben. Aber so viel war das im Grunde nicht. Du weißt ja, vieles wurde repariert und wieder verwendet.«

Oma denkt kurz nach.

»Ich erinnere mich sogar daran, dass wir einmal den Straßenrand nach weggeworfenem Bonbonpapier absuchten, um aus kleinen Erdklumpen, Steinchen und Minikartoffeln Püppchen zu basteln. Eigentlich konnten wir so gut wie alles aus der Natur verwenden und zum Leben erwecken.«

Oma gerät richtig ins Schwärmen und scheint sich gerade diese – für sie – schöne Zeit wieder vorzustellen. Darum unterbricht Jule sie auch nicht.

»Eine Decke auf dem Rasen, die uns oft zur Verfügung gestellt wurde, konnte der Auftakt zu einer märchenhaften Traumwelt sein. In vielen Spielen ahmten wir aber auch die Erwachsenenwelt nach. Selbst im Winter war eine große Decke, die über den Tisch in der Alltagsstube ausgebreitet wurde, der Ausgangspunkt für viele Fantasiespiele. Und das Fazit, Jule: Angefertigte Spielsachen waren überflüssig.«

Jule ist nachdenklich geworden.

Nach einer Weile meint sie schließlich: »Irgendwie hört sich das alles sehr fantastisch an, wenn du das so erzählst. Ich dachte immer, dass du ...« – Jule blickt zu Oma hinüber und zögert etwas – »na, ich dachte immer, dass du im Vergleich zu mir keine schöne Kindheit gehabt hättest.«

»Ach, weißt du, das ist alles relativ. Die Lebensumstände nach dem Krieg waren ja völlig anders als heute, aber Kinder vergessen grundsätzlich im Spiel die Vergangenheit und die Gegenwart und können sich eine Traumwelt aufbauen, in die sie sich zum Schutz zurückziehen und in der sie ganz aufgehen. So sind mir viele schöne Erinnerungen geblieben, die ich absolut nicht missen möchte.«

»Das wäre ein schöner Schlusssatz für meine Erörterung gewesen, Oma«, sagt Jule. »Aber ich hoffe trotzdem, dass meine Erörterung den vorgegebenen Kriterien entspricht und bin schon gespannt, wie viele Punkte ich wohl erreicht habe, wenn wir die Arbeit dann nach den Ferien zurückbekommen.«

Ich auch, denkt Oma, sagt aber nichts. Sie möchte den Leistungsdruck nicht noch erhöhen.

LEBE, LIEBE, LACHE!

Der Pastor erzählt den Kindern, wie Maria erfährt, dass sie Mutter Jesu werden soll: »Maria sitzt in der Stube, da tut sich plötzlich die Tür auf, und herein tritt – mit langen weißen Flügeln ...«
»Ich weiß schon«, ruft Fritzchen. »Herein tritt der Klapperstorch!«

Maria und Josef stehen vor einer Herberge in Bethlehem.
»Tut mir leid«, sagt der Wirt, »kein Platz mehr.«
»Aber meine Frau ist hochschwanger!«, fleht Josef.
Der Wirt: »Na und? Dafür kann ich wohl nix!«
Josef: »Aber ich auch nicht!«

MIT VIEL VERTRAUEN INS NEUE JAHR

Ich sagte zu dem Engel,
der an der Tür
des neuen Jahres stand:
»Gib mir ein Licht,
dass ich sicher in das
Unbekannte schreiten möge.«
Und er antwortete:
»Gehe hinaus in die Dunkelheit
und lege deine Hand
in die Hand Gottes.
Das wird für dich
besser sein als ein Licht
und sicherer
als ein bekannter Weg.«

(Aus China)

DANKSAGUNG

Ich möchte mich zuerst bei allen bedanken, die mir Anregungen und konkrete Beispiele zu diesem Buch gegeben haben, hier aber namentlich nicht genannt werden. Das ist ein großer Personenkreis.

Dann geht ein großes Dankeschön an meine Enkelinnen Jule und Charleen, die mir wieder erlaubt haben, sie namentlich und auch handelnd in die Geschichten einzubauen.

Die Umschlaggestaltung stammt von Claudia Sperl, die alle Vorgaben künstlerisch sehr gut umgesetzt und auch die Piktogramme entworfen hat.

Ich bedanke mich weiter ganz herzlich bei Anna Göttke-Krogmann, weil ich ihre wundervollen gezeichneten Kachelbilder aus dem Büchlein »Blaumen an'n Wäge, Väögels in'n Wind« für den Auftakt der einzelnen Monate verwenden durfte.

Bitte gehen Sie nicht mehr auf Fehlersuche! Uschi und Jan Röttgers haben die allermeisten Fehler gefunden.

Dass dieses Buch bei BoD (auch als E-Book), also im Internet, angeboten wird, verdanke ich meinem

Sohn Andreas, der das gesamte Buch als freiberufli-
cher Lektor und Romancoach mit konzipiert und gestaltet hat. Ohne seine Mithilfe wäre es nicht so pro-
fessionell geworden – sowohl inhaltlich als auch im
Layout. Wenn Sie oder auch einer Ihrer Bekannten
einmal Hilfe bei einem Buchprojekt benötigen, besuchen Sie ihn doch einfach auf seiner Webseite:
www.romanlektorat.de

NACHWORT

Was macht man in den Krisenzeiten von Corona? Darüber nachdenken, wie man Seniorinnen und Senioren, die nicht unbedingt »Vielleser« sind, etwas mehr Freude und Abwechslung verschaffen kann. Also entschloss ich mich dazu, ein Buch mit längeren und kürzeren Texten zu verfassen.

Ich stöberte in unzähligen alten Liederbüchern, wie zum Beispiel »Die Mundorgel«, »Unser fröhlicher Gesell« oder »Einstmals habe ich ein Lied gewusst«, suchte Sprichwörter und Bauernregeln aus alten Heimatblättern heraus und erinnerte mich als ehemalige Lehrerin gern an bekannte Gedichte aus alten Schulbüchern. Immer wieder hatte ich dabei »die Qual der Wahl«, nämlich, aus einem sehr großen Schatz nur einen einzigen bekannten Text auszuwählen.

Eine blinde Frau erzählte mir einmal, dass sie sich die Kinderspiele von früher immer wieder vorstellen würde und dann glücklich sei. Darum habe ich auch alte Spiele in den Kanon der verschiedenen Texte aufgenommen. Und nicht zuletzt rieten mir zwei

Freundinnen, unbedingt Witze und Rätsel mit einzubinden. »Ein bisschen Spaß muss sein ...!«

Bei vielen Gedichten und Liedern habe ich nur den Anfang bzw. die erste Strophe angeführt, weil ich bei meinen Lesungen in Seniorenheimen festgestellt habe, dass Ältere oft alle Strophen im Langzeitgedächtnis gespeichert haben und diesen Schatz dann zur Freude aller abrufen können.

Bei den Kindererzählungen habe ich einfache Sprache mit kurzen Sätzen und Wiederholungen verwandt, um diese Texte möglichst vielen Leserinnen und Lesern zugänglich zu machen. Ich würde mich freuen, wenn sich daraus viele Gesprächsanlässe ergeben würden.

Einladungen zu Vorleseterminen im Umkreis von circa 50 km komme ich gern nach.

»Wie kann man ohne Strom leben?«
»Warum hat eine Gutsherrin aus Ostpreußen Angst vor Schweinen?«

Oma erzählt der zehnjährigen Jule vom einfachen Leben auf dem Dorfe - in der Kriegs und Nachkriegszeit: 19 wahre Geschichten, die von Spielen und Streichen, von Bräuchen und Festtagen handeln, aber auch das Kriegsgeschehen einfühlsam mit einbeziehen.

Nur erhältlich in den Buchhandlungen im Landkreis Vechta und Cloppenburg oder direkt bei der Autorin: maria.meyer41@googlemail.com

Neues von
Oma und Jule

Maria Meyer
Erzählungen von früher und heute

Oma erzählt ihren Enkelinnen Jule und Charleen weitere 21 Geschichten von der Zeit nach dem Krieg, als der Pastor noch bestimmte, ob die Ernte eingefahren werden durfte. Sie handeln vom Schulalltag, der Arbeit auf dem Feld, von lustigen Streichen und kleinen Abenteuern.

Erhältlich in den Buchhandlungen im Landkreis Vechta und Cloppenburg. Diesen Band können Sie auch im Internet - zum Beispiel bei Amazon - bestellen.

»Omas Schatztruhe« ist ein Buch über Kinder und ihre Fantasie. Dieser Band rückt das Kind in den Mittelpunkt – in seiner Würde, Eigenständigkeit und Besonderheit – besonders in einer Zeit, die von Hektik, Digitalisierung und Reizüberflutung geprägt ist.

Nur erhältlich in den Buchhandlungen im Landkreis Vechta und Cloppenburg oder direkt bei der Autorin: maria.meyer41@googlemail.com